Schauen und Wissen!

Karolin Küntzel/Johanna Prinz

Die Biene

Kopiervorlagen
für die 2. bis 4. Klasse

Hase und Igel®

Inhalt

www.hase-und-igel.de
Lektorat: Renate Krapf, Weinheim
Satz: Appel Grafik München GmbH
Illustrationen: Hendrik Kranenberg, Drolshagen
Coverfoto: © iStockphoto – Elementallmaging

ISBN 978-3-86760-955-5
5. Auflage 2020

Wer gerade in einen saftigen Apfel beißt, hat wahrscheinlich anderes im Sinn, als an Honig- oder Wildbienen zu denken. Und doch liegt die Verbindung auf der Hand: Ohne die Bestäubungsleistung dieser unermüdlichen Insekten wäre es um die Erträge aller Nutzpflanzen, die auf Fremdbestäubung angewiesen sind, schlecht bestellt. Auch viele Wildpflanzen können für ihre Vermehrung auf Bienen nicht verzichten. Die Tiere leisten einen wichtigen Beitrag, die ökologische Vielfalt zu erhalten. Grund genug, um sich mehr mit Honigbienen und ihrer Lebensweise zu befassen. Denn nur, wer weiß, wie diese Insekten leben und welche Bedingungen sie brauchen, um zu überleben, kann zukunftsorientiert handeln.

Da Bienen sehr häufig vorkommen und leicht zu beobachten sind, eignet sich das Thema gut für einen erfahrungsorientierten Unterricht. Auch wenn sich Ihre Schule in einem eher städtischen Umfeld befindet, bieten Parks und Grünanlagen reichlich Gelegenheit, sich mit den Kindern als Bienenforscher auf Erkundungsgänge zu begeben, um mehr über die Lebensweise dieser Insekten herauszufinden. Honig hat wahrscheinlich jedes Kind schon einmal gegessen. Auch ein Besuch bei einem (Hobby-)Imker kann den Kindern einen erlebnisorientierten Einstieg ermöglichen und ihren Erfahrungshorizont erweitern. Der aktuelle Trend des „urban beekeeping" erleichtert eine Kontaktaufnahme vielleicht auch in Ihrem Umfeld.

Die in zwei Schwierigkeitsstufen vorliegenden Kopiervorlagen dieses Bandes sind in **drei Abschnitte** gegliedert:

- Das erste Blatt (Seite 4/5) dient dazu, kurz die Bedeutung der Biene für den Menschen zu umreißen und das **Interesse** der Kinder für den Lerngegenstand „Biene" zu wecken.
- Anschließend geht es vornehmlich um die Erarbeitung und/oder Vertiefung von **Sachwissen**. Auf Seite 36/37 findet sich ein Abschlussquiz, in dem die bearbeiteten Inhalte mit einigen Ergänzungen noch einmal aufgegriffen werden. Die Themen der Kopiervorlagen dieses Abschnitts sind eng an das **Sachbuch** „Die Biene" von Veronika Straaß angebunden. Es liefert kindgerecht aufbereitete Informationen rund um die Honigbiene, die mit zahlreichen farbigen Fotos illustriert werden. Darüber hinaus bietet das Buch praktische Anregungen zum Forschen und Entdecken. Die Lektüre des Buches ist keine notwendige Voraussetzung zur Bearbeitung der Arbeitsblätter, doch kann es als anschauliche Ergänzung zum vorliegenden Material dienen und zur Recherche herangezogen werden.

- Abgerundet wird der Band durch ergänzende Aufgaben zum Thema „Biene", die sich eigenständig oder in Kombination mit den anderen Arbeitsblättern bearbeiten lassen, sowie sprachliche Anregungen. Sie bieten den Kindern die Gelegenheit, ihrer Fantasie freien Lauf zu lassen oder sich kreativ mit einem Gedicht zu beschäftigen.

Die Arbeitsblätter sind so gestaltet, dass sie von den Kindern weitgehend selbstständig in Einzel-, Partner- oder Gruppenarbeit bearbeitet werden können, wobei verschiedene Lernkanäle (visuell, kognitiv etc.) berücksichtigt werden. Es ist auch möglich, einen Teil der Kopiervorlagen zu einer Lerntheke oder zum Stationenlernen zusammenzustellen. Dem individuellen Arbeiten in heterogenen Lerngruppen kommt die Zweifachdifferenzierung des Materials entgegen, die eine passgenaue Abstimmung auf das Alters- und Leistungsniveau der Kinder ermöglicht. Ein binnendifferenziertes Arbeiten zum gleichen Thema ist so auch in heterogenen Lerngruppen leicht umsetzbar, denn jedes Kind kann sich auf individuellem Niveau die Lerninhalte entsprechend seinem Vorwissen aneignen. Für welche Niveaustufe die betreffende Seite konzipiert ist, lässt sich auf einen Blick an der Anzahl der Bienen erkennen.

Niveaustufe I: Niveaustufe II: 

Die **Lösungskarten** am Ende des Bandes ermöglichen eine Selbstkontrolle der Schülerinnen und Schüler und können von der Lehrkraft am Kopierer vergrößert und ausgeschnitten werden. Finden die Arbeitsblätter beim Stationenlernen Verwendung, lassen sich die Karten in einem verschlossenen Umschlag zur jeweiligen Station legen oder können nach Bearbeitung der Arbeitsblätter bei der Lehrkraft abgeholt werden.

Ihnen und Ihren Schülerinnen und Schülern wünschen wir viel Freude bei der intensiven Beschäftigung mit diesen interessanten Insekten.

Karolin Küntzel und Johanna Prinz

Name:	Klasse:	Datum:

Fleißige Bienen

1. Lies den Text.

Bienen sind wichtig für uns: Wenn wir im Sommer Kirschen essen wollen, müssen die Bienen im Frühling die Blüten der Bäume besuchen. Sobald sie auf einer Blüte landen, bleibt Blütenstaub an ihnen hängen. Dann fliegen sie weiter und nehmen den Blütenstaub zur nächsten Blüte mit. Auf diese Weise vermehren sich die Pflanzen und können Früchte bekommen. Ohne Bienen könnten wir auch keinen Honig essen. Schon vor langer Zeit entdeckten die Menschen, dass die Honigbienen in ihrem Nest leckeren Honig lagern. Wenn das Nest jedoch hoch oben in einem hohlen Baum lag, war es schwierig, etwas davon zu bekommen.

2. Die Bienen haben verschiedene Blüten besucht. Finde heraus, von welchen Blüten der Blütenstaub bei den Bienen stammt. Verbinde mit einer Linie.

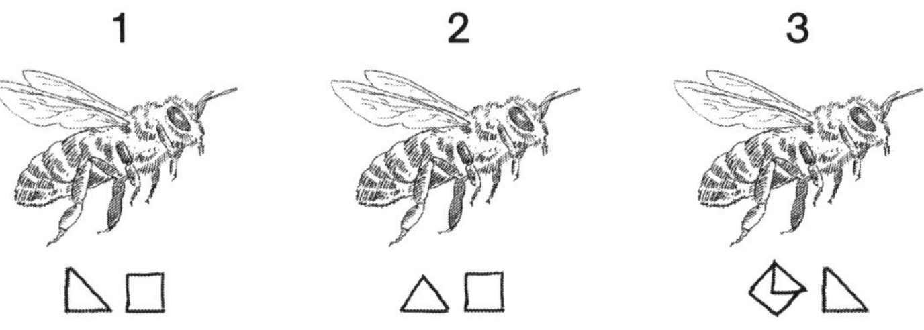

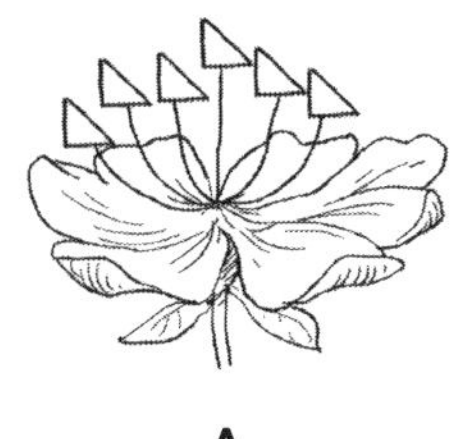
A

B

C

D

E

3. Beantworte die Fragen und kreuze an.

A Auf welcher Blüte ist keine der Bienen gelandet? Blüte ______

B Was bedeutet das für diese Pflanze?
- ☐ Sie bekommt Früchte.
- ☐ Sie kann keine Früchte bekommen.

C Wo hast du schon Bienen gesehen? Erzähle es deinem Partner.

Name:	Klasse:	Datum:

Fleißige Bienen

1. Lies den Text.

Bienen sind wichtig für uns: Wenn wir im Sommer Kirschen essen wollen, müssen die Bienen im Frühling die Blüten der Bäume besuchen. Sobald sie auf einer Blüte landen, bleibt Blütenstaub an ihnen hängen. Dann fliegen sie weiter und nehmen den Blütenstaub zur nächsten Blüte mit. Man sagt: Sie bestäuben die Pflanzen. Auf diese Weise vermehren sich die Pflanzen und können Früchte bekommen. Ohne Bienen könnten wir auch keinen Honig essen. Schon vor langer Zeit entdeckten die Menschen, dass die Honigbienen in ihrem Nest leckeren Honig lagern. Früher war es jedoch gar nicht so leicht, etwas davon zu bekommen. Denn häufig bauten die Tiere ihr Nest hoch oben in einem hohlen Baum. Deshalb schnitten die Menschen einfach das Baumstück mit dem Bienennest heraus und stellten es in der Nähe ihres Wohnorts auf.

2. Lies die Fragen. Kreuze die richtigen Antworten an.

A Warum sind die Bienen für die Pflanzen wichtig?

- ☐ Pflanzen brauchen Bienen, um sich zu ernähren.
- ☐ Ohne Bienen können sich viele Pflanzen nicht vermehren.
- ☐ Bienen helfen den Pflanzen dabei, ihre Blüten zu öffnen.

B Warum brauchen wir Menschen die Bienen?

- ☐ Ohne Bienen würden fast keine Früchte wachsen.
- ☐ Wir brauchen Bienen, um morgens wach zu werden.
- ☐ Ohne Bienen können wir keinen Honig essen.

3. Wo hast du schon Bienen gesehen? Was haben sie gemacht? Schreibe auf.

____

____

____

____

____

____

____

____

Name:	Klasse:	Datum:

Der Körper der Honigbiene

1. Lies den Text.

Bienen gehören zur Gruppe der Insekten. Wie alle Insekten haben sie drei Paar Beine und einen dreiteiligen Körper. Er ist in Kopf, Brust und Hinterleib unterteilt. Eine Hülle aus Chitin schützt ihn vor dem Austrocknen und gibt ihm Halt. Der Bienenkörper ist besonders am Hinterleib sehr beweglich. So kann die Honigbiene ihren Stachel gezielt einsetzen. Der Körper hat ein dichtes Haarkleid. Es wärmt die Biene. Beim Nektarsammeln bleiben die Blütenpollen in den Haaren hängen. Den Pollen streift die Biene ab und sammelt ihn in ihren Körbchen an den Hinterbeinen. Mit ihrer Zunge leckt sie Nektartropfen auf und saugt sie mit einer Art Rüssel ein. Sie hat Facettenaugen und zwei bewegliche Fühler am Kopf. Auf dem Rücken sitzen zwei Paar Flügel. Sie heißen Vorderflügel und Hinterflügel.

2. Beschrifte die Körperteile der Honigbiene mit den passenden Begriffen. Die unterstrichenen Wörter helfen dir dabei.

Name:	Klasse:	Datum:

Der Körper der Honigbiene

1. Lies den Text.

Bienen gehören zur Gruppe der Insekten. Wie alle Insekten haben sie drei Beinpaare und einen dreiteiligen Körper: Er ist in Kopf, Brust und Hinterleib unterteilt. Eine Hülle aus Chitin schützt ihren Körper vor dem Austrocknen und gibt ihm Halt. Bienen haben, wie die anderen Insekten auch, Facettenaugen und zwei bewegliche Fühler am Kopf zum Tasten, Riechen und Schmecken. Der Hinterleib der Biene ist sehr beweglich. So kann sie ihren Stachel gezielt einsetzen. Ihr Körper hat ein dichtes Haarkleid. Es wärmt das Tier und beim Nektarsammeln bleiben die Blütenpollen darin hängen. Den Pollen streift die Biene ab und sammelt ihn in ihren Körbchen an den Hinterbeinen. Mit ihrer Zunge leckt sie Nektartropfen auf und saugt sie mithilfe ihrer Mundwerkzeuge ein. Auf dem Rücken sitzen zwei Paar Flügel: die Vorder- und Hinterflügel.

2. Beschrifte die Körperteile der Honigbiene. Nutze dazu die Angaben aus dem Text.

3. Woran erkennst du, dass die Biene ein Insekt ist? Schreibe in Stichworten auf.

____

____

Name:	Klasse:	Datum:

Waben aus Wachs

1. Lies den Text. Was bringen die Bienen in den Wachszellen unter? Unterstreiche.

Das Nest von Honigbienen besteht aus vielen kleinen Zellen. In ihnen lagern die Bienen Honig und Blütenstaub. Auch ihr Nachwuchs wächst dort heran. Alle Zellen sind sechseckig und gleich groß. Das Wachs für die Zellen stellt jede Biene selbst her. Es kommt an ihrem Hinterleib heraus und bildet dort Plättchen. Damit baut die Biene dann eine Art Röhre um sich herum. Wenn sie die Wachsplättchen nach allen Seiten festdrückt, entsteht die sechseckige Form der Zelle. Alle Zellen kleben direkt aneinander, ohne eine Lücke dazwischen. Man sagt dazu: Bienenwabe.

2. Hilf den Bienen. Zeichne die fehlenden Zellen mithilfe eines Lineals ein.

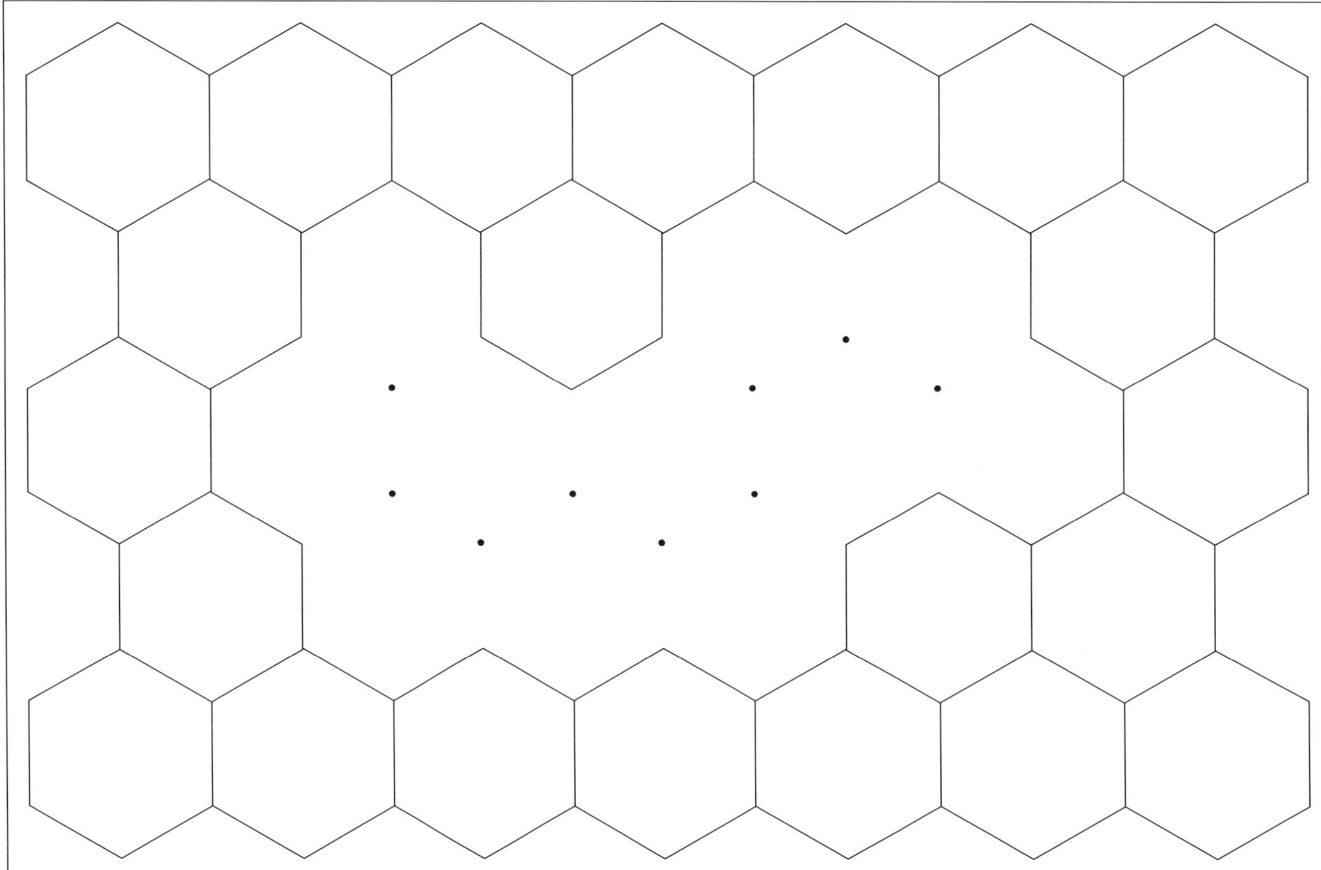

3. Woher haben die Bienen das Wachs? Streiche die falsche Antwort durch.

Die Bienen sammeln das Wachs in den Blüten.	Die Bienen stellen das Wachs selbst her.

Name:	Klasse:	Datum:

Waben aus Wachs

1. Lies den Text.

Honigbienen bauen ihr Nest aus vielen kleinen Zellen. Darin lagern sie Honig und Blütenstaub. Die Zellen dienen auch als Unterkunft für den Nachwuchs. Alle Zellen haben sechs Ecken und sind gleich groß. Sie bestehen aus Wachs. Die Bienen schwitzen es aus Drüsen am Hinterleib aus. An der Luft wird das Wachs fest und bildet Plättchen. Damit bauen die Bienen eine Art Röhre um sich herum – und weil alle Bienen ungefähr gleich groß sind, werden auch die Zellen gleich groß. Wenn sie das Wachs nach allen Seiten festdrücken, entsteht die sechseckige Form. Jede Zelle klebt lückenlos an der nächsten. Alle Zellen zusammen bilden die Bienenwabe.

2. Hilf den Bienen und zeichne die fehlenden Zellen mithilfe eines Lineals ein.

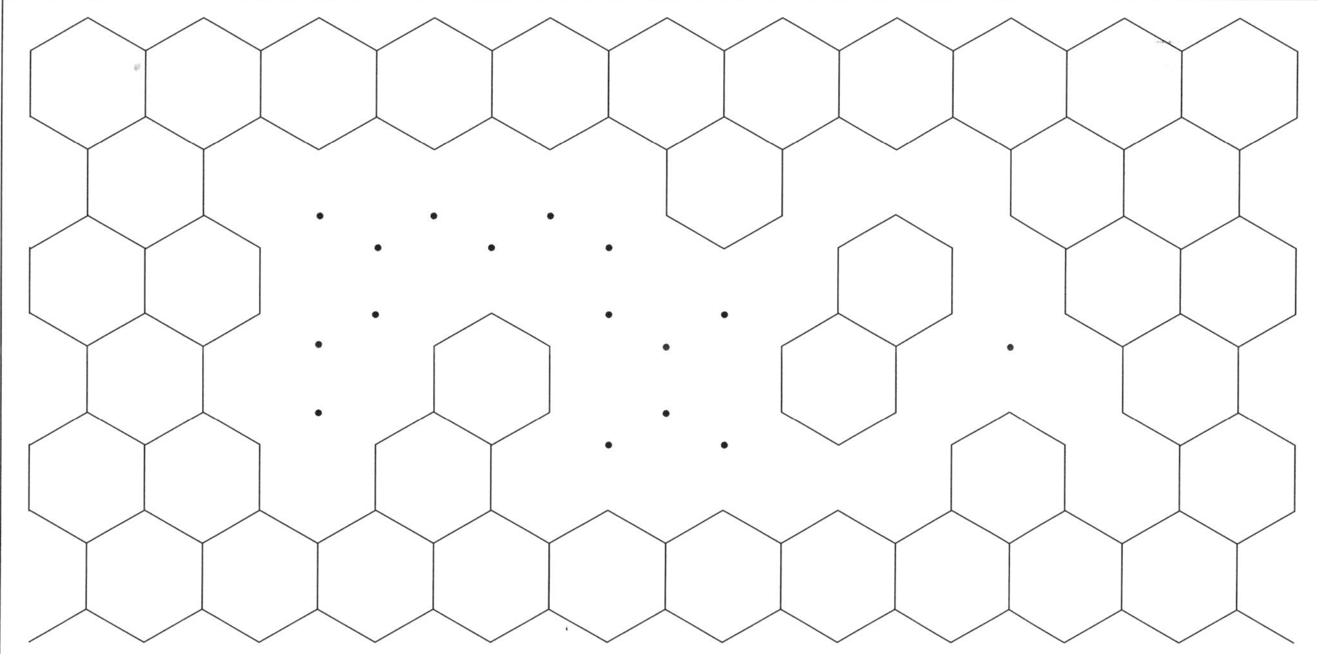

3. Beantworte die Fragen. Schreibe auf.

A Was bringen die Bienen in den Wachszellen unter?

____

B Woher haben die Bienen das Wachs für den Bau der Zellen?

____

C Was ist eine Bienenwabe?

____

Name:	Klasse:	Datum:

Ein Tier mit vielen Aufgaben

1. Lies den Text.

Honigbienen leben mit vielen Tausend anderen Bienen zusammen im Bienenstock. Fast alle Tiere sind Weibchen. Als Arbeiterinnen sorgen sie dafür, dass im Stock alles in Ordnung ist und die Bienenkönigin genug zu essen hat. Jede Biene kennt ihre Aufgabe genau. Diese hängt nämlich davon ab, wie alt die Biene ist. In den ersten beiden Lebenstagen ist die Biene eine Putzbiene. Sie säubert das Nest und die Zellen. Vom dritten bis zum zwölften Tag ist sie Kindermädchen und sorgt für den Nachwuchs. Anschließend wird sie zur Baubiene und baut neue Waben. Erst mit 16 Tagen darf sie zum ersten Mal nach draußen, um Nektar zu sammeln.

2. Verbinde jede Textkarte mit dem richtigen Bild.

Am ersten und zweiten Tag ist eine Biene …

Vom dritten bis zwölften Tag wird die Biene zum …

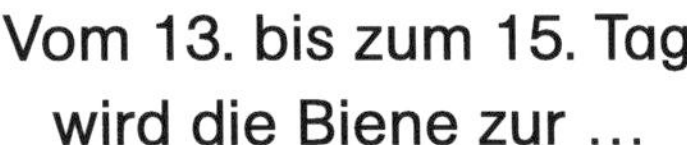

Vom 13. bis zum 15. Tag wird die Biene zur …

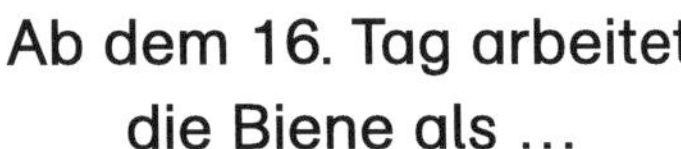

Ab dem 16. Tag arbeitet die Biene als …

… Sammelbiene.

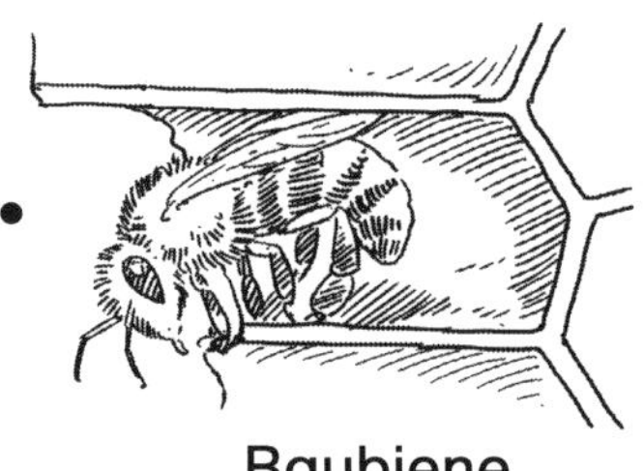

… Baubiene.

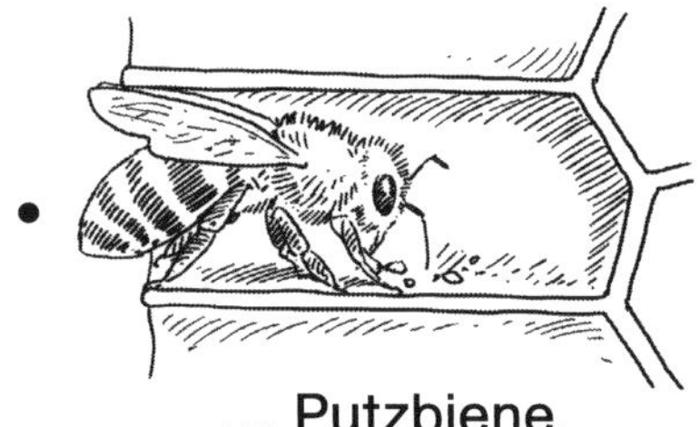

… Putzbiene.

… Kindermädchen.

Name:	Klasse:	Datum:

Ein Tier mit vielen Aufgaben

1. Lies den Text.

Honigbienen leben in riesigen Gruppen von mehreren Tausend Tieren zusammen im Bienenstock. Fast alle Bienen dort sind Weibchen. Als Arbeiterinnen sorgen sie dafür, dass im Stock alles in Ordnung ist und die Bienenkönigin genug zu essen hat. Jede Biene weiß genau, was ihre Aufgabe ist. Diese hängt nämlich davon ab, wie alt die Biene ist. In den ersten beiden Tagen ihres Lebens ist sie eine Putzbiene, die das Nest und die Waben säubert. Vom dritten bis zwölften Tag ist sie Kindermädchen und kümmert sich um den Bienennachwuchs. Anschließend ist sie eine Baubiene, die neue Waben anlegt. Erst wenn die Biene 16 Tage alt ist, darf sie zum ersten Mal nach draußen, um Nektar zu sammeln. Den bringt sie dann als Vorrat in den Stock.

2. Welche Aufgaben hat die Biene? Lies die Satzanfänge und ergänze.

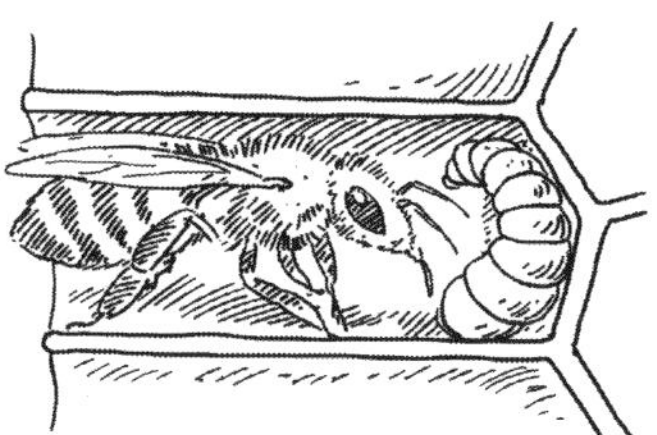

Am ersten und zweiten Tag ______________________________

____

____

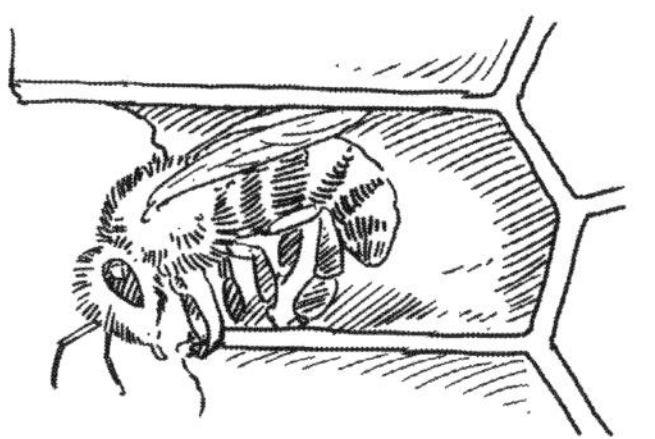

Vom dritten bis zwölften Tag ______________________________

____

____

Vom 13. bis zum 15. Tag ______________________________

____

____

Ab dem 16. Tag ______________________________

____

____

Name:	Klasse:	Datum:

Woher kommt der Honig?

1. Lies den Text.

Bienen sind sehr fleißig. Sie fliegen viele Kilometer von einer Blüte zur nächsten. In den Blüten finden sie Nektar. Diese süße Flüssigkeit saugt jede Biene ähnlich wie mit einem Trinkhalm auf und sammelt sie in ihrer Honigblase. Das ist eine Art Transportbehälter in ihrem Körper. Zurück im Bienenstock holt sie den Nektar wieder hoch und vermischt ihn mit ihrer Spucke. Diese Mischung gibt sie an eine andere Biene weiter. Die Flüssigkeit wandert von Mund zu Mund weiter bis in eine Wachszelle. Nun müssen die Bienen noch kräftig Luft darüberfächeln. Dann verliert das Nektar-Spucke-Gemisch nämlich einen Teil des Wassers und übrig bleibt Honig. Die Bienen verschließen die Honigzelle mit einem Wachsdeckel. So ist der Honig als Vorrat für den Winter lange haltbar.

2. Kreuze an.

		stimmt	stimmt nicht
A	In den Blüten findet die Biene Honig.	☐	☐
B	Sie leckt den süßen Nektar mit ihrer Zunge auf.	☐	☐
C	Sie sammelt den Nektar in ihrer Honigblase.	☐	☐
D	Sie füllt den Nektar selbst in die Wachszelle.	☐	☐
E	Die Bienen fächeln Luft über die Wachszellen.	☐	☐
F	Der Honig ist ihr Futtervorrat für den Winter.	☐	☐

3. Lies die Sätze. Streiche die falschen Wörter durch.

Die Sammelbiene vermischt den Nektar mit | Blütenstaub | Spucke |. Damit daraus Honig wird, muss das Nektargemisch noch | Wasser | Wachs | verlieren. Wenn der Honig fertig ist, verschließt eine andere Biene die Honigzelle mit einem | Wachsdeckel | Topfdeckel |.

Name:	Klasse:	Datum:

Woher kommt der Honig?

1. Lies den Text.

Bienen legen viele Kilometer zurück, wenn sie von einer Blüte zur nächsten fliegen. Dort saugen sie den Nektar, eine süße Flüssigkeit, mit einer Art Rüssel auf. Das funktioniert ähnlich wie mit einem Trinkhalm. Der Nektar wandert von dort in die Honigblase. Sie befindet sich im Körper der Biene und dient als Transportbehälter. Ist er voll, fliegt sie zurück zum Bienenstock. Dort holt sie den Nektar wieder hoch und vermischt ihn mit ihrer Spucke. Diese Mischung gibt sie an eine andere Biene weiter. Von Mund zu Mund wandert die Flüssigkeit weiter bis in eine Wachszelle. Damit daraus dickflüssiger Honig wird, fächeln die Bienen Luft über die Zellen, sodass ein Teil des Wassers in dem Nektar-Spucke-Gemisch verloren geht. Die Honigzelle wird mit einem Wachsdeckel verschlossen. So ist der Honig über lange Zeit als Nahrungsvorrat für den Winter haltbar.

2. Lies die Sätze. Kreuze an.

		stimmt	stimmt nicht
A	Bienen fliegen nur wenige Meter von Blüte zu Blüte.	☐	☐
B	Nach jeder Blüte kehren sie zum Bienenstock zurück.	☐	☐
C	Sie nehmen den Nektar mit den Vorderbeinen auf.	☐	☐
D	Bienen sammeln den Nektar in ihrer Honigblase.	☐	☐
E	Die Honigblase befindet sich im Kopf der Biene.	☐	☐
F	Bienen vermischen den Nektar mit ihrer Spucke.	☐	☐
G	Das Nektargemisch wird sofort aufgegessen.	☐	☐
H	Die Bienen fächeln Luft über das Nektargemisch.	☐	☐
I	Honig machen die Bienen nur zu ihrem Vergnügen.	☐	☐
J	Honig ist dünnflüssiger als Nektar.	☐	☐
K	Honig ist lange haltbar.	☐	☐

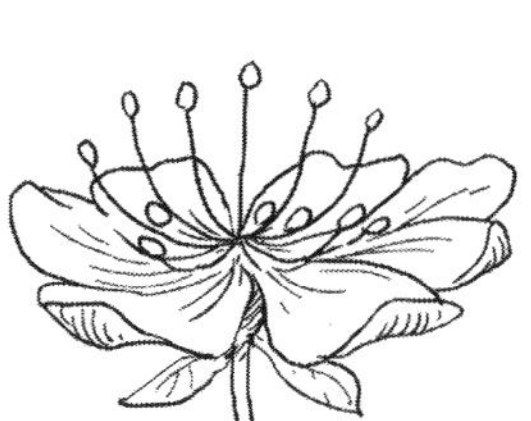

Name:	Klasse:	Datum:

Leckerer Blütenstaub

1. Lies den Text.

Bienen berühren auf der Suche nach Nektar die Staubbeutel der Pflanze. Diese sitzen in der Mitte der Blüte auf dünnen Stängelchen. Stößt die Biene dagegen, bleibt der Blütenstaub an ihrem Pelz kleben. Die Biene frisst gerne Pollen, wie der Blütenstaub auch genannt wird. Deshalb putzt sie ihn sorgfältig ab. Mit etwas Nektar verknetet kommt er in eine der beiden Mulden an ihren Hinterbeinen. Sie heißen Körbchen. Dann fliegt sie zur nächsten Blüte. Bei jedem Blütenwechsel lässt sie immer auch ein bisschen Blütenstaub von der Pflanze davor zurück. So bestäubt sie nebenbei die Pflanzen und es können sich Früchte und Samen entwickeln. Mit vollgepackten Körbchen kehren die Bienen in den Bienenstock zurück.

2. Lies die Sätze. Schneide die Textstreifen aus. Klebe sie in der richtigen Reihenfolge untereinander auf ein Blatt. Die Buchstaben ergeben ein Lösungswort: Wie lautet ein anderes Wort für Blütenstaub?

✂

L Die Biene putzt sich den Blütenstaub aus dem Pelz und verknetet ihn mit Nektar.

O Der Blütenstaub bleibt am Pelz der Biene kleben.

L Die Biene steckt den Blütenstaub in das Körbchen.

E Die Biene fliegt zur nächsten Blüte.

P Die Biene sucht in einer Blüte nach Nektar.

N Die Biene kehrt mit vollen Körbchen zurück in den Bienenstock.

Name:	Klasse:	Datum:

Leckerer Blütenstaub

1. Lies den Text.

Suchen Bienen in einer Blüte nach Nektar, berühren sie dabei die Staubbeutel der Pflanze. Diese sitzen auf dünnen Stängelchen in der Blütenmitte. Jedes Mal, wenn die Biene eine Blüte besucht, bleibt der Blütenstaub in ihrem Pelz kleben. Die Biene frisst gerne Pollen, wie der Blütenstaub auch genannt wird. Deshalb putzt sie ihn sorgfältig mit ihren Hinterbeinen ab. Mit etwas Nektar verknetet kommt er in eine der beiden Mulden an ihren Hinterbeinen. Sie heißen Körbchen. So fliegt die Biene von Blüte zu Blüte und lässt dabei immer auch ein bisschen Blütenstaub von den Pflanzen zurück, bei denen sie vorher war. Ganz nebenbei bestäubt sie so die Pflanzen und später können sich Früchte und Samen entwickeln. Bienen mit vollgepackten Körbchen sehen fast so aus, als hätten sie Pluderhosen an. Deshalb nennt man diese Blütenstaubpakete auch Hosen. Mit vollen Körbchen kehrt die Biene in den Bienenstock zurück.

2. Lies die Sätze. Kreuze die richtigen Aussagen an.

- **L** Die Biene verknetet den Blütenstaub mit Nektar. ☐
- **A** Die Biene trägt das Körbchen auf dem Rücken. ☐
- **O** Die Biene putzt sich den Blütenstaub aus dem Pelz. ☐
- **L** Das Blütenstaubpaket kommt in das Körbchen. ☐
- **E** Die Biene bestäubt Pflanzen. ☐
- **P** Der Blütenstaub sitzt an den Staubbeuteln der Blüte. ☐
- **I** Die Blütenstaubpakete werden auch Röckchen genannt. ☐
- **N** Die Biene kehrt mit vollen Körbchen zurück in den Bienenstock. ☐

3. Die Buchstaben der richtigen Aussagen ergeben ein Lösungswort. Wie lautet ein anderes Wort für Blütenstaub?

Name:	Klasse:	Datum:

Mit Landkarte unterwegs

1. Lies den Text.

Wenn eine Biene den Stock verlässt, fliegt sie manchmal sehr weit weg. Wie schafft sie es, wieder nach Hause zu finden? Ganz klar: Die Biene denkt mit. Auf dem Weg zur Nahrung merkt sie sich alles, was in der Landschaft auffällig ist. Das kann ein <u>Hügel</u> sein oder ein <u>See</u>, über den sie geflogen ist. Außerdem achtet jede Biene darauf, wo gerade die <u>Sonne</u> ist. Das schafft sie sogar dann, wenn viele Wolken am Himmel sind. Alle Bienen können auch noch erkennen, in welche <u>Himmelsrichtung</u> sie gerade fliegen. Wie ein Kompass wissen sie, wo Norden, Süden, Osten oder Westen ist. Das alles zusammen ergibt in ihrem Kopf eine Art Landkarte.

2. Zeichne in die leeren Felder, was sich die Biene bei ihrem Flug gemerkt hat. Beschrifte.

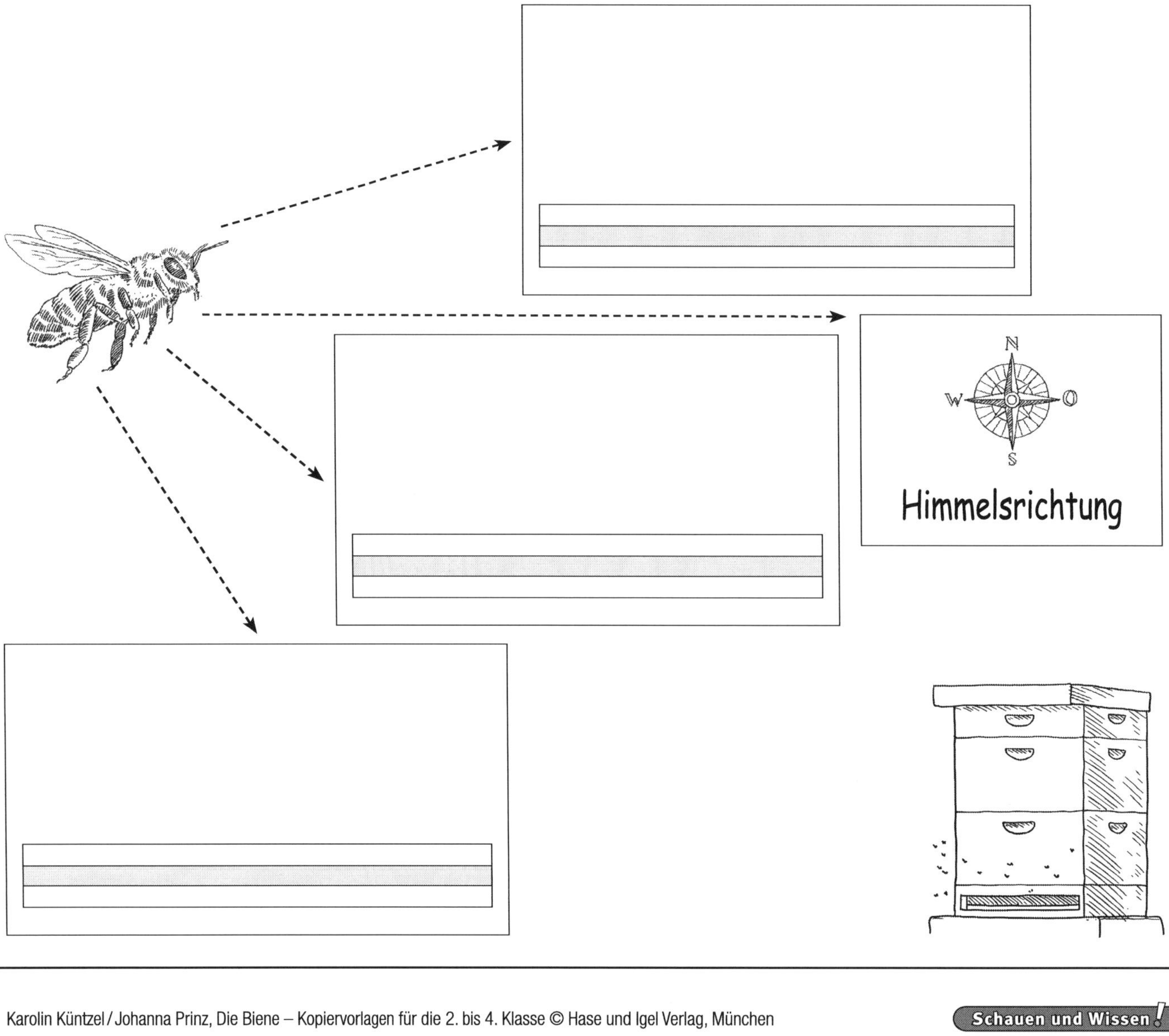

N
W O
S

Himmelsrichtung

Name:	Klasse:	Datum:

Mit Landkarte unterwegs

1. Lies den Text.

Wenn eine Biene den Stock verlässt, fliegt sie sofort dorthin, wo sie etwas zu fressen findet. Manchmal findet sie ihre Nahrung allerdings erst in einer Entfernung von drei Kilometern. Wie schafft sie es, von dort wieder nach Hause zu finden? Ganz klar: Bienen denken mit. Auf dem Weg zur Nahrung merken sie sich alles, was besonders auffällig ist. Das kann zum Beispiel ein Hügel sein, ein kleiner Wald oder ein See, über den die Biene hinweggeflogen ist. Außerdem achtet jede Biene darauf, wie der Stand der Sonne ist, also ob sie hoch oder tief am Himmel steht und ob sie sich rechts oder links der Flugbahn befindet. Alle Bienen können auch noch erkennen, in welche Himmelsrichtung sie gerade fliegen – ob nach Norden, Süden, Osten oder Westen. Das alles zusammen ergibt im Kopf der Biene eine Art Landkarte.

2. Woran orientiert sich die Biene auf ihrem Flug zurück zum Bienenstock? Schreibe in Stichworten auf.

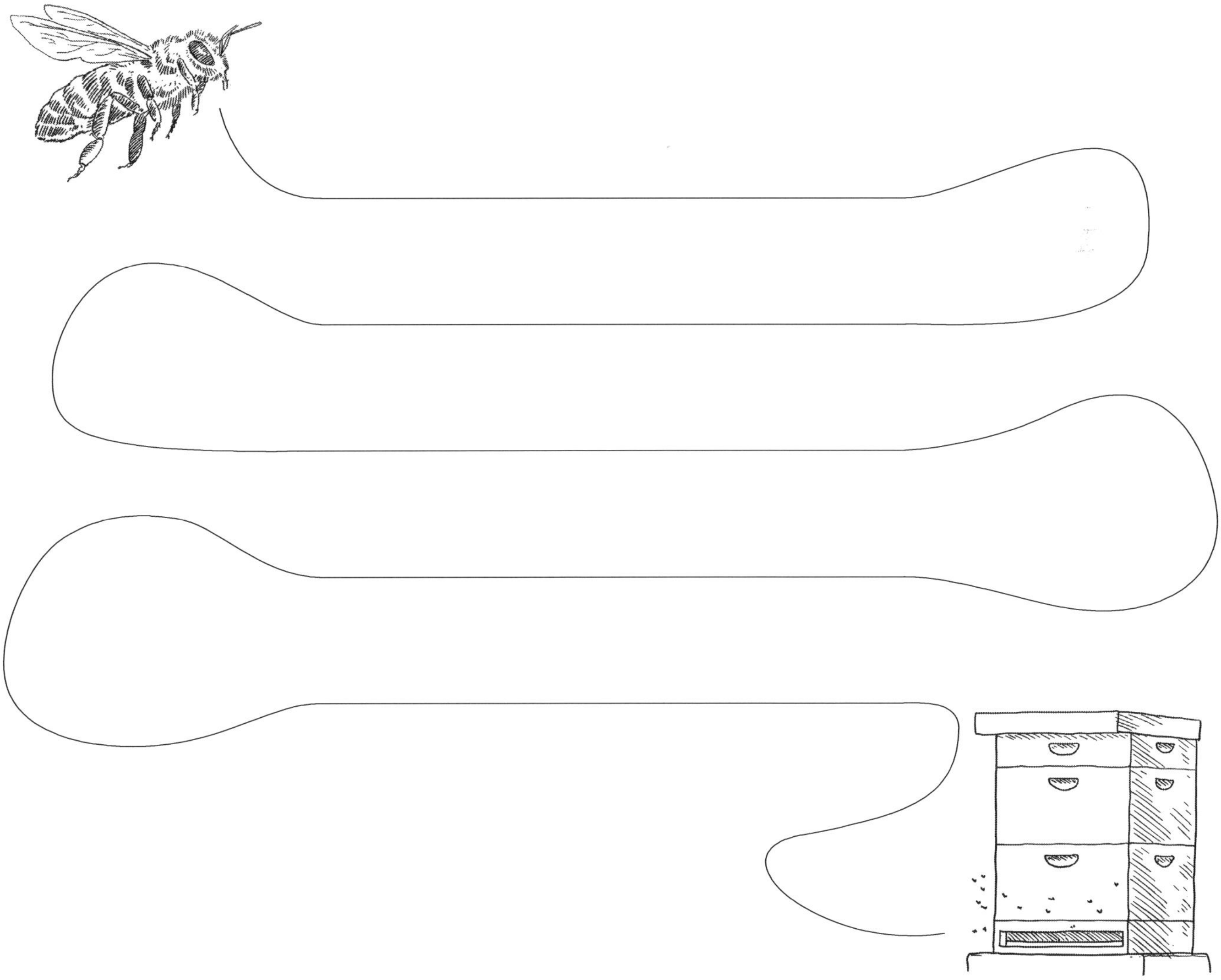

Name:	Klasse:	Datum:

Getanzte Nachrichten

Wenn eine Biene irgendwo besonders viel Nahrung findet, möchte sie den anderen Bienen im Stock den Weg dorthin zeigen. Doch wie geht das? Ganz einfach: Die Biene tanzt und die anderen verstehen, was sie damit sagt.

Was teilt die Biene den anderen Bienen mit? Verbinde die Textkästen mit dem richtigen Bienentanz.

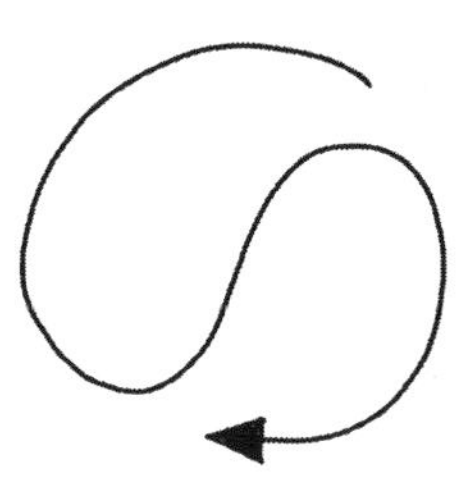

Rundtanz

Schwänzeltanz

B Welche Pflanzen ich gefunden habe, merken die anderen Bienen bei beiden Tänzen: Sie riechen mit ihren Fühlern den Blütenstaub, den ich mitgebracht habe.

A Ist die Nahrung weit weg, mache ich einen Schwänzeltanz.

D Ist die Nahrung in der Nähe, mache ich einen Rundtanz.

C Ich laufe einen halben Kreis, drehe um und wackle sehr schnell hin und her. Dann mache ich kehrt und laufe wieder in die andere Richtung.

E Ich laufe einen halben Kreis, drehe um und laufe in die andere Richtung. Das sieht aus wie die Form einer Acht.

Name:	Klasse:	Datum:

Getanzte Nachrichten

1. Lies den Text.

Wenn eine Biene besonders viel Nektar findet, möchte sie den anderen Bienen den Weg dorthin zeigen. Das geht, indem sie tanzt! Ist die Nahrung in der Nähe, läuft die Biene sehr schnell eine Acht. Das heißt Rundtanz. Ist die Nahrung weit weg, läuft die Biene eine Acht, in der sie zwischendurch „schwänzelt“: Sie läuft einen halben Kreis, dreht um und wackelt sehr schnell hin und her. Erst dann macht sie kehrt und läuft in die andere Richtung. Das nennt man Schwänzeltanz. Die Himmelsrichtung zeigt die Biene den anderen so: Schwänzelt sie gerade von oben nach unten, liegt der Nektar genau in Richtung der Sonne. Befindet sich die Nahrung rechts von der Sonne, schwänzelt die Biene nach rechts. Befindet sich die Nahrung links von der Sonne, schwänzelt die Biene nach links.

2. Wie tanzt die Biene? Beschreibe die beiden Tänze der Biene.

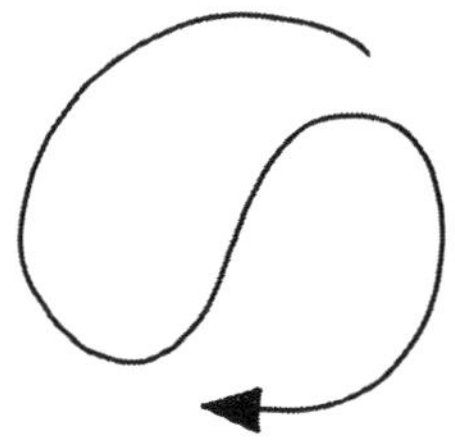

Bei einem Rundtanz ______________________________

____

____

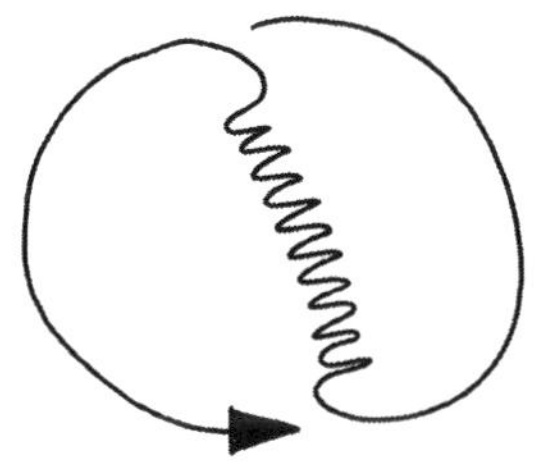

Bei einem Schwänzeltanz ______________________________

____

____

3. Was teilt die Biene den anderen Bienen beim Tanzen mit? Ergänze die Sätze.

Bei einem Rundtanz befindet sich die Nahrung ____________________.

Macht sie einen Schwänzeltanz, ist die Nahrung ____________________.

Schwänzelt sie nach rechts, liegt die Nahrung ____________________.

Tanzt sie nach links, liegt die Nahrung ____________________.

Name:	Klasse:	Datum:

Die Bienenkönigin

1. Lies den Text.

Die größte Biene im Bienenstock ist die Königin. Sie ist doppelt so groß wie die Arbeiterinnen und hat einen schlanken Hinterleib. Sie sammelt keinen Nektar. Ihre einzige Aufgabe ist es, jeden Tag bis zu 2000 Eier zu legen. Das ist so anstrengend, dass die Arbeiterinnen sie füttern und sogar putzen. Eine Zeit lang legt die Königin vor allem befruchtete Eier in die Wachszellen. Aus ihnen werden Weibchen. Später legt sie auch unbefruchtete Eier. Aus ihnen entwickeln sich Drohnen. Das sind männliche Tiere. Ihre Aufgabe ist es, sich ein einziges Mal mit einer jungen Königin zu paaren. Dann sterben sie. Die Drohnen heißen übrigens so, weil sie beim Fliegen lauter sind als die Weibchen: Sie „dröhnen“ durch die Luft.

2. Lies die Sätze. Kreuze die richtigen Aussagen an.

A Die Königin …
- ☐ ist kleiner als die Arbeiterinnen.
- ☐ ist doppelt so groß wie die Arbeiterinnen.

B Aus unbefruchteten Eiern …
- ☐ werden Weibchen.
- ☐ werden Männchen.

C Die Königin legt jeden Tag …
- ☐ 2000 Eier.
- ☐ 3000 Eier.

D Drohnen heißen so, weil sie …
- ☐ den Arbeiterinnen drohen.
- ☐ beim Fliegen laut „dröhnen“.

3. Was tut die Bienenkönigin? Ergänze die Sätze.

Die Bienenkönigin sammelt nie __________. Sie legt nur __________.

Das ist so anstrengend, dass sie von den Arbeiterinnen __________ und __________ werden muss.

Name:	Klasse:	Datum:

Die Bienenkönigin

1. Lies den Text.

Die größte Biene im Bienenstock ist die Königin. Sie ist doppelt so groß wie die Arbeiterinnen und hat einen schlanken Hinterleib. Ihre einzige Aufgabe ist es, für Nachwuchs zu sorgen. Sie macht nichts anderes, als Eier in die Wachszellen zu legen – bis zu 2000 Stück, Tag für Tag. Das ist sehr anstrengend. Deshalb nehmen ihr die Arbeiterinnen alle anderen Arbeiten ab. Sie füttern und putzen sie sogar. Eine Zeit lang legt die Königin vor allem befruchtete Eier. Aus ihnen werden Weibchen. Später legt sie auch unbefruchtete Eier. Aus ihnen entwickeln sich Drohnen. Das sind männliche Tiere. Ihre Aufgabe ist es, sich ein einziges Mal mit einer jungen Königin zu paaren. Dann sterben sie. Die Drohnen heißen übrigens so, weil sie beim Fliegen mehr Krach machen als die Weibchen: Sie „dröhnen" durch die Luft.

2. Lies die Sätze. Kreuze die richtigen Aussagen an.

A Die Königin …
- ☐ ist kleiner als die Arbeiterinnen.
- ☐ ist dreimal so groß wie die Arbeiterinnen.
- ☐ ist doppelt so groß wie die Arbeiterinnen.

B Aus unbefruchteten Eiern …
- ☐ werden Weibchen.
- ☐ werden Männchen.
- ☐ werden neue Königinnen.

C Die Königin legt jeden Tag …
- ☐ 200 Eier.
- ☐ 2000 Eier.
- ☐ 3000 Eier.

D Drohnen heißen so, weil sie …
- ☐ den Arbeiterinnen drohen.
- ☐ beim Fliegen laut „dröhnen".
- ☐ höher fliegen als die anderen Bienen.

3. Sammelt eine Bienenkönigin Nektar, wenn sie Hunger hat? Schreibe auf.

____

____

Name:	Klasse:	Datum:

Larven und Bienen

1. Lies den Text.

Bienen entstehen aus winzigen weißen Eiern und sehen erst einmal aus wie kleine Würmer. Sie heißen dann Larven. Sie liegen in einer leeren Wabe und die Kindermädchen unter den Bienen füttern sie: erst mit Futtersaft, später mit Blütenstaub und süßem Nektar. Schon nach zehn Tagen sehen die Larven aus wie dicke, runde Würmer. Dann bekommt ihre Zelle einen Deckel aus Wachs. Jetzt spinnt die Larve einen dünnen Faden, der aus ihrem Mund kommt. Sie dreht sich dabei so oft, bis eine dichte Fadenhülle entstanden ist. Darin wächst sie zur Biene heran. Nach drei Wochen nagt sie sich ihren Weg ins Freie.

2. Welcher Text gehört zu welchem Bild? Verbinde.

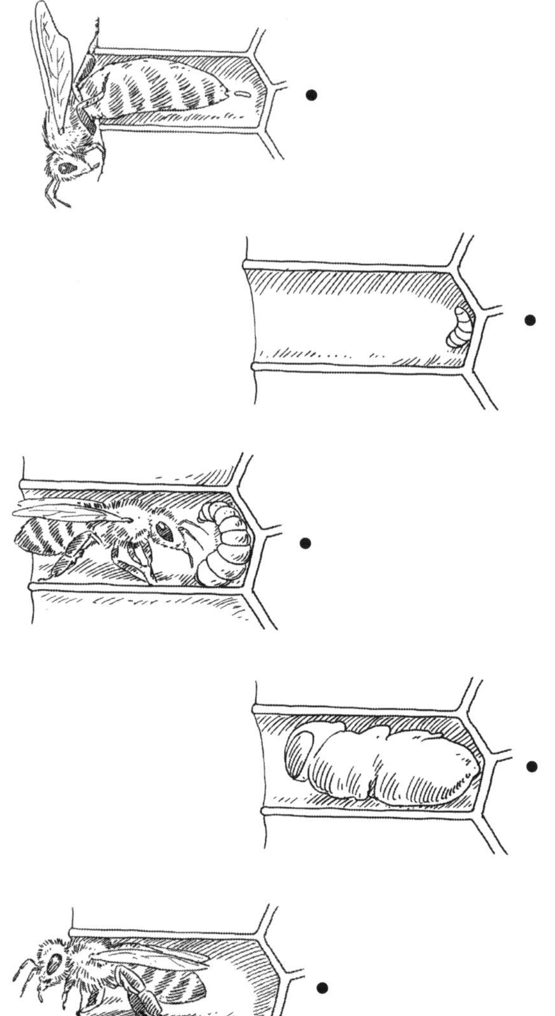

Die Kindermädchen bringen Futter. Die Larve wächst und ist bald so groß wie die Wachszelle.

Die junge Biene nagt ein Loch in den Deckel ihrer Zelle und kriecht ins Freie.

Die dicke Larve spinnt einen Faden um sich herum, um sich in eine Biene zu verwandeln.

Die Bienenkönigin legt ein Ei in eine leere Wachszelle.

Aus dem Ei schlüpft eine winzige Larve. In der Wachszelle hat sie noch viel Platz.

Name:	Klasse:	Datum:

Larven und Bienen

1. Lies den Text.

Aus den Eiern, die die Bienenkönigin in die leeren Wachszellen legt, schlüpfen winzige, weiße Larven, die wie Würmchen aussehen. Die Kindermädchen unter den Bienen versorgen sie mit einem Futtersaft, den sie selbst herstellen. Später bekommen sie Blütenstaub und süßen Nektar zu fressen. Nach zehn Tagen sehen die Larven wie dicke, runde Würmer aus. Nun bekommt ihre Zelle einen Deckel aus Wachs, der noch Luft zum Atmen durchlässt. In der Zelle spinnt die Larve einen dünnen Faden, der aus ihrem Mund kommt. Sie dreht sich dabei so oft, bis eine dichte Fadenhülle entstanden ist. Sie wird Kokon genannt. Darin wächst sie zur Biene heran. Nach drei Wochen nagt sie sich ihren Weg ins Freie.

2. Schreibe neben jedes Bild ein bis zwei Sätze zur Entwicklung der Biene.

Name:	Klasse:	Datum:

Eine neue Königin

1. Lies den Text.

Im Frühsommer sind alle Wachszellen voll Honig und Larven. Sehr viele Bienen leben jetzt im Bienenstock. Es wird zu eng. Das ist das Zeichen für die Arbeiterinnen, größere Zellen zu bauen. Sie sind für unbefruchtete Eier, aus denen sich Drohnen entwickeln. Einige Larven aus befruchteten Eiern werden außerdem mit besonders gutem Futter versorgt. Denn aus ihnen sollen Königinnen werden. Bevor eine neue Königin schlüpft, verlässt die alte Königin den Bienenstock auf der Suche nach einer neuen Unterkunft. Ein Teil des Volkes fliegt mit ihr. Man sagt: Sie schwärmen aus. Die neue Königin wird diejenige Biene, die zuerst schlüpft. Sie tötet die anderen, weil es in jedem Bienenstock nur eine Königin geben kann. Dann fliegt sie los und paart sich mit bis zu zwanzig Drohnen. Den Samen hebt sie in einer Samenblase auf. Alle Eier, die sie später legt, kann sie damit selbst befruchten.

2. Schneide die Textstreifen unten auf der Seite aus. Ordne sie den Satzanfängen zu und klebe sie auf.

Die Arbeiterinnen bauen größere Zellen für unbefruchtete Eier, …	
Bevor die neue Königin schlüpft, …	
Die neue Königin tötet die anderen Königinnenlarven, …	
Damit die neue Königin später befruchtete Eier legen kann …	

✂

… schwärmt die alte Königin mit einem Teil des Volkes aus.	… weil es immer nur eine Königin im Bienenstock geben kann.
… fliegt sie aus und paart sich mit vielen Drohnen.	… damit sich darin Drohnen entwickeln können.

Name:	Klasse:	Datum:

Eine neue Königin

1. Lies den Text.

Im Frühsommer wird der Platz im Bienenstock knapp. Es leben sehr viele Bienen dort und alle Wachszellen sind voll Honig und Larven. Das ist das Signal für die Arbeiterinnen, größere Zellen zu bauen, in denen sich aus unbefruchteten Eiern Drohnen entwickeln. Außerdem füttern sie einige Larven aus befruchteten Eiern mit besonders gutem Futter. Denn nur dann entstehen neue Königinnen. Doch bevor sich diese Larven verpuppen, verlässt die alte Königin den Bienenstock und nimmt einen Teil des Volkes mit. Man sagt: Die Bienen schwärmen aus. Die Jungkönigin, die zuerst schlüpft, tötet alle anderen Jungköniginnen in ihren Zellen. In jedem Bienenstock kann es nämlich nur eine Königin geben. Dann fliegt sie aus und paart sich mit bis zu zwanzig Drohnen. Diese Paarung nennt man Hochzeitsflug. Den Samen trägt die Königin in einer Samenblase mit sich. Alle Eier, die sie später legt, kann sie damit selbst befruchten. Nach dem Hochzeitsflug werden die Drohnen von den Arbeiterinnen aus dem Stock vertrieben oder gleich getötet. Das nennt man Drohnenschlacht.

2. Lies den Text. Streiche die falschen Begriffe durch.

Im [Frühsommer | Herbst], wenn es im Bienenstock zu eng wird, bauen die Arbeiterinnen größere Zellen, in denen Drohnen aus [befruchteten | unbefruchteten] Eiern heranwachsen. Wenn die Larven aus befruchteten Eiern besonders gutes Futter bekommen, entwickeln sie sich zu neuen [Arbeiterinnen | Königinnen]. Bevor eine neue Königin schlüpft, [verlässt | besetzt] die alte Königin mit einem Teil des Volkes den Bienenstock. Sobald die erste neue Königin geschlüpft ist, [begrüßt | tötet] sie die anderen Jungköniginnen in ihren Zellen. Dann startet sie zum [Hochzeitsflug | Paarungstanz] und paart sich mit vielen Drohnen. Deren Samen trägt sie in der [Honigblase | Samenblase] mit sich. Wenn die Königin später [Larven | Eier] legt, kann sie diese mit dem Samen selbst befruchten. Die Drohnen werden nun nicht mehr gebraucht. Wenn die Arbeiterinnen sie töten, nennt man das [Drohnenschlacht | Tortenschlacht].

Name:	Klasse:	Datum:

Die richtige Temperatur

In einem Bienenstock darf es nicht zu warm und nicht zu kalt sein, damit sich die Tiere zu jeder Jahreszeit wohlfühlen.

1. Lies die Zettel genau. Eine Geschichte ist falsch.

A Wusstest du, dass …
… Bienen ihren Bienenstock kühlen können? Larven brauchen mindestens eine Temperatur von 30 Grad, um richtig wachsen zu können. Doch wenn es im Sommer noch wärmer wird, wird es den Larven zu heiß. Deshalb kühlen die Bienen die Waben ab: Sie setzen sich in den Eingang zum Bienenstock und schlagen blitzschnell mit den Flügeln. Der Luftzug kühlt. An besonders heißen Tagen bespucken sie ihre Waben mit Wasser und setzen sich mit flatternden Flügeln direkt darauf. So wird es noch etwas kühler.

B Wusstest du, dass …
… Bienen ihren Bienenstock warm halten können? Um im Winter zu überleben, brauchen Bienen außer Honig zum Fressen nämlich auch genügend Wärme. Deshalb sammeln die Tiere ab Ende September nicht nur Nektar. Sie tragen dann in ihren Körbchen auch kleine Moosstückchen in den Stock. Damit polstern sie den ganzen Bienenstock aus und verstopfen den Eingang. So muss keine Biene frieren.

C Wusstest du, dass …
… Bienen selbst Wärme erzeugen können? Das ist nötig, weil im Winter die Temperatur im Stock nicht zu stark absinken darf. Die Bienen setzen sich dann alle ganz eng zusammen und lassen ihre Muskeln zittern. So entsteht Wärme, ganz ähnlich wie bei uns Menschen, wenn wir vor Kälte zittern.

2. Überlege mit einem Partner: Welche Geschichte stimmt nicht? Was genau ist daran falsch?

Name:	Klasse:	Datum:

Die richtige Temperatur

In einem Bienenstock darf es nicht zu warm und nicht zu kalt sein, damit sich die Tiere zu jeder Jahreszeit wohlfühlen.

1. Lies die Zettel genau. Eine Geschichte ist falsch.

A Wusstest du, dass …
… Bienen ihren Bienenstock kühlen können? Larven brauchen mindestens eine Temperatur von 30 Grad, um richtig wachsen zu können. Doch wenn es im Sommer noch wärmer wird, wird das Wachs der Zellen weich. Auch den Larven ist es dann zu heiß. Deshalb kühlen die Bienen die Waben ab: Sie setzen sich in den Eingang zum Bienenstock und schlagen blitzschnell mit den Flügeln. Der Luftzug kühlt. An besonders heißen Tagen bespucken sie ihre Waben mit Wasser und setzen sich mit flatternden Flügeln direkt darauf. So wird es noch etwas kühler.

B Wusstest du, dass …
… Bienen ihren Bienenstock warm halten können? Um im Winter zu überleben, brauchen Bienen außer Honig zum Fressen nämlich auch genügend Wärme. Deshalb sammeln die Tiere ab Ende September nicht nur Nektar. Sie tragen dann in ihren Körbchen auch kleine Moosstückchen in den Stock. Damit polstern sie den ganzen Bienenstock aus und verstopfen den Eingang. So muss keine Biene frieren.

C Wusstest du, dass …
… Bienen selbst Wärme erzeugen können? Das ist nötig, weil im Winter die Temperatur im Stock nicht zu stark absinken darf. Die Bienen setzen sich dann alle ganz eng zusammen und lassen ihre Muskeln zittern. So entsteht Wärme, ganz ähnlich wie bei uns Menschen, wenn wir vor Kälte zittern.

2. Welche Geschichte stimmt nicht? Was genau ist daran falsch? Schreibe auf.

Name:	Klasse:	Datum:

Achtung, Kontrolle!

1. Lies den Text.

Wenn Bienen von ihren Flügen zurückkehren, steuern sie den Eingang zum Bienenstock an. Dort warten bereits die Wächterbienen. Sie betasten jeden, der hereinwill, mit ihren Fühlern. So erkennen sie am Geruch, ob eine Biene auch wirklich zum Bienenvolk gehört. Eine fremde Biene wird nicht in den Stock gelassen. Auch Wespen, Käfer oder Kellerasseln müssen draußen bleiben. Doch der Totenkopfschwärmer kennt einen Trick: Dieser Nachtfalter tarnt sich mit Bienenduft. Er riecht wie eine Arbeitsbiene und kommt so an den Wächterbienen vorbei. Jetzt kann er etwas von dem Honig fressen.

2. Welche Biene gehört zu welchem Bienenstock? Male die Biene und den passenden Bienenstock jeweils in der gleichen Farbe an.

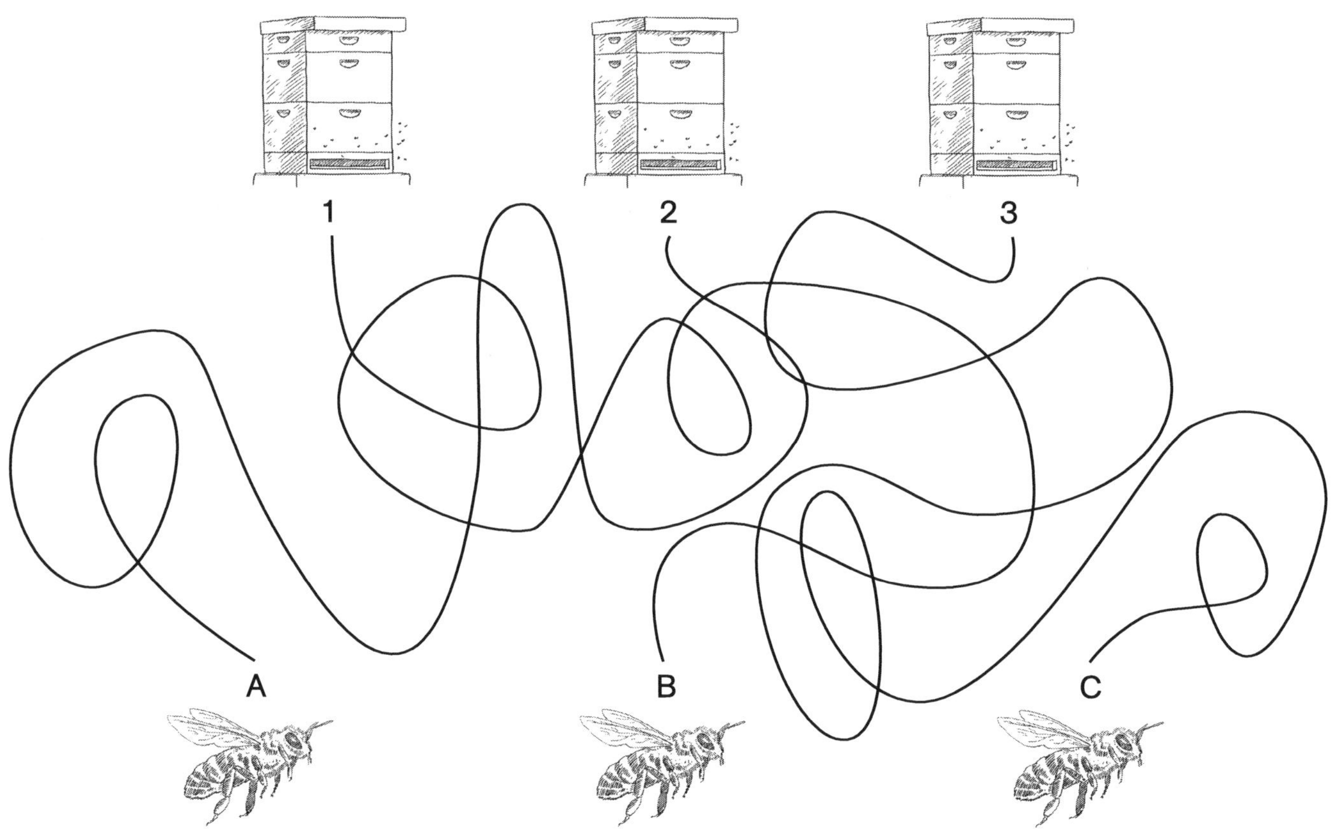

3. Welches Tier kommt an den Wächterbienen vorbei? Male das Kärtchen aus.

Wespe | fremde Biene | Käfer | Totenkopfschwärmer | Kellerassel

Name:	Klasse:	Datum:

Achtung, Kontrolle!

1. Lies den Text.

Wenn Bienen von ihren Flügen zurückkehren, steuern sie den Eingang zum Bienenstock an. Dort warten bereits die Wächterbienen. Sie betasten jeden, der hereinwill, mit ihren Fühlern. So erkennen sie am Geruch, ob eine Biene auch wirklich zum Bienenvolk gehört. Eine fremde Biene wird nicht in den Stock gelassen. Auch Wespen, Käfer oder Kellerasseln müssen draußen bleiben. Doch der Totenkopfschwärmer kennt einen Trick: Dieser Nachtfalter tarnt sich mit Bienenduft. Er riecht wie eine Arbeitsbiene und kommt so an den Wächterbienen vorbei. Jetzt kann er etwas von dem Honig fressen. Manchmal schaffen es auch Bienen aus einem anderen Volk, in den Bienenstock hineinzukommen. Sie schenken den Wächterbienen einfach einen großen Tropfen Nektar und dürfen dann vorbei.

2. Beantworte die Fragen in ganzen Sätzen.

A Wie finden die Wächterbienen heraus, ob jemand in den Bienenstock hineindarf?

B Welche Tiere lassen die Wächter nicht in den Bienenstock hinein?

C Welches Tier darf in den Stock, auch wenn es keine Biene ist? Warum ist das so?

D Mit welchem Trick schaffen es fremde Bienen, in einen Bienenstock hineinzukommen?

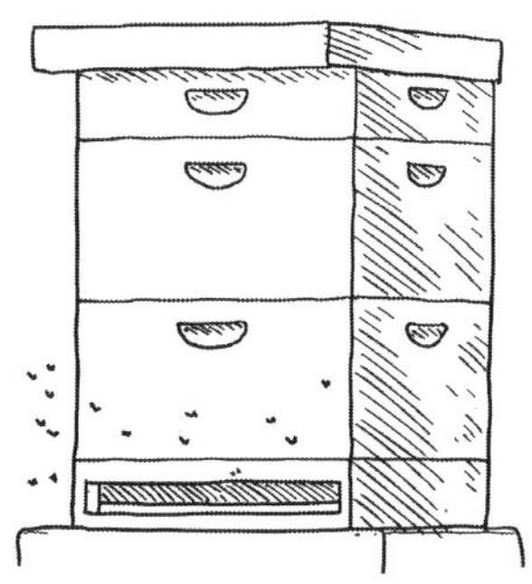

Name:	Klasse:	Datum:

Bienen haben viele Feinde

Bienen haben zwar einen Giftstachel am Hinterleib, das hält aber nicht alle Tiere davon ab, sie oder ihren Honig zu fressen. Für die Biene kann es lebensgefährlich sein, wenn sie ihren Stachel verwendet: Bleibt er mit seinen Widerhaken in der weichen Haut eines Menschen oder eines Tieres stecken, stirbt sie.

2. Schneide die Karten aus. Ordne die Texte den passenden Bildern zu. Klebe die Karten in dein Heft.

✂

Braunbär

Bienen fange ich im Flug. Damit mir ihr Gift nicht schadet, schlage ich sie auf einen Ast, bis sie tot sind. Ihre Giftblase leert sich dabei und ich kann sie fressen.

Ich bin mit der Honigbiene verwandt. Trotzdem lähme ich sie mit meinem Stachel. Dann schleppe ich sie als Futter zu meinen Larven.

Dachs

Bienenwolf

Ich bin groß und sehr stark. Honig rieche ich kilometerweit. Mit meinen Krallen kriege ich jeden Bienenstock auf. Dann lasse ich mir den Honig und die Larven schmecken.

Ich habe schwarz-weiße Streifen am Kopf. Am liebsten fresse ich Bienenlarven. Ich hole sie mit meinen Krallen aus dem Stock. Bienengift schadet mir nicht.

Bienenfresser

Name:	Klasse:	Datum:

Bienen haben viele Feinde

1. Lies den Text. Markiere die Feinde der Biene im Text farbig.

Bienen haben zwar einen Giftstachel am Hinterleib, das hält aber nicht alle Tiere davon ab, sie, ihre Larven oder den Honig zu fressen. Für die Biene kann der Einsatz des Stachels lebensgefährlich sein: Bleibt er mit seinen Widerhaken in der weichen Haut eines Menschen oder eines Tieres stecken, stirbt sie. Bienen haben viele Feinde, sogar so große wie den Braunbär. Dieses Säugetier ist ein Allesfresser und bekommt mit seinen scharfen Krallen jeden Bienenstock auf. Er hat eine feine Nase und riecht den Honig schon von Weitem. Der Dachs nutzt ebenfalls seine Krallen, um den Stock zu öffnen. Er frisst aber lieber die Larven. Das Gift der Bienen macht ihm nichts aus. Der Bienenwolf, ein Insekt und Verwandter der Honigbiene, besitzt einen Giftstachel. Mit ihm lähmt er die Biene und verfüttert sie an seine Larven. Was der Bienenfresser am liebsten frisst, sagt bereits sein Name. Er fängt eine Biene im Flug mit seinem Schnabel. Dann schlägt er sie auf einen Ast, damit sich ihre Giftblase leert. Jetzt kann der Vogel sie gefahrlos verspeisen.

2. Ergänze die Steckbriefe der Bienenfeinde.
Trage ein: 1. Tiergruppe, 2. Waffe, 3. Bevorzugte Beute und 4. Besondere Fähigkeiten.

	Dachs	Braunbär	Bienenwolf	Bienenfresser
1.	Säugetier			
2.	Krallen, Zähne			
3.	Bienenlarven			
4.	Bienengift macht ihm nichts aus.			

Name:	Klasse:	Datum:

Imker bei der Arbeit

Lies die Sätze. Setze das richtige Wort ein.

Honig | Imkerpfeife | Bienenkästen | Wabe | Handschuhe | Futterpflanzen | Gläser | Imkerhut

Ein Imker arbeitet mit Bienen. Er stellt für seine Bienenvölker ______________ als Wohnung auf. Diese sollen da stehen, wo viele ______________ für die Bienen wachsen. Wenn die Bienen die Wachszellen in ihrer Wabe gefüllt haben, kann der Imker den ______________ ernten. Er nimmt die ______________ aus dem Bienenstock und entfernt die Deckel der Wachszellen. Dann wird der Honig in einer großen Trommel aus der Wabe herausgeschleudert und in ______________ gefüllt. Damit die Bienen den Imker nicht stechen können, schützt er seinen Körper mit einem Overall. An den Händen trägt er ______________. Seinen Kopf bedeckt er mit einem ______________ mit Gesichtsschleier. Meistens bläst der Imker auch noch Rauch aus einer ______________ über die Bienen, damit sie weniger stechen.

Name:	Klasse:	Datum:

Imker bei der Arbeit

1. Lies die Sätze. Streiche die falschen Wörter durch.

Ein Imker arbeitet mit Bienen / Hummeln. Er stellt für seine Bienenvölker Bienenkästen / Schuhkartons als Wohnung auf. Darin stehen Holzrahmen, in die die Bienen ihre Glaszellen / Wachszellen hineinbauen. Die Bienenkästen stellt er dort auf, wo die Bienen gute Honigquellen / Futterpflanzen finden. Wenn die Bienen die Wachszellen in ihrer Wabe gefüllt haben, erntet der Imker den Honig / Pollen. Dazu nimmt er zunächst den Holzrahmen mit der Wabe aus dem Bienenkasten und entfernt die Glasdeckel / Wachsdeckel der Zellen mit einer speziellen Gabel. Die Wabe / Gabel kommt anschließend in eine große Trommel. Dort wird der Honig herausgeschleudert, gefiltert und in Honigdosen / Honiggläser gefüllt. Damit die Bienen im Winter etwas zu fressen haben, versorgt sie der Imker mit Zuckerwasser / Salzwasser. Für die Arbeit mit den Bienen zieht er Schutzkleidung / Regenkleidung an. Dazu gehören ein Overall, Handschuhe und ein Imkerhut mit Gesichtsschleier / Federschmuck. Diese Kleidung schützt ihn vor Bienenstichen / Mückenstichen. Meistens bläst der Imker auch noch Rauch aus einer Imkerpfeife / Trillerpfeife über die Bienen, damit sie weniger stechen.

2. Beantworte die Fragen.

A Der Imker hat den Honig aus den Waben geholt.
Was fressen die Bienen jetzt im Winter?

___

B Womit schützt sich der Imker gegen Bienenstiche?

___

___

Name:	Klasse:	Datum:

Verwandte der Honigbiene

1. Lies den Text.

Neben Honigbienen gibt es viele Wildbienenarten. Die meisten von ihnen leben allein. Sie legen ihre Eier zum Beispiel in leere Schneckenhäuser. Zu jedem Ei geben sie etwas Blütenstaub und Nektar. Wenn die Larven schlüpfen, ernähren sie sich davon. Enge Verwandte der Honigbiene sind die pummeligen, pelzigen Hummeln. Sie leben auch in Völkern mit einer Königin. Ihre Nester legen sie gerne in alten Mauselöchern an. Im Herbst stirbt das Hummelvolk. Nur die Jungköniginnen überwintern. Die schwarz-gelben Wespen sind schlanker als Bienen. Die Wespennester bauen sie aus Pflanzenfasern, die sie mit ihrer Spucke mischen. Ihre Larven füttern sie mit dem Fleisch anderer Insekten. Die größten Verwandten der Honigbiene sind die Hornissen. Sie gehören zu den Wespen. Hornissen sind jedoch viel friedlicher als Wespen. Auch ihr Gift ist schwächer als das von Bienen und Wespen.

2. Im Buchstabengitter stecken sechs Wörter aus dem Text. Kreise sie ein.

R	T	K	A	Z	O	Ä	S	Ü	T	L
W	I	L	D	B	I	E	N	E	O	S
E	F	U	T	X	Z	Ö	G	W	T	W
S	T	H	O	R	N	I	S	S	E	F
P	C	U	M	G	K	D	R	R	H	Z
E	H	M	A	U	S	E	L	O	C	H
X	U	M	A	R	H	I	O	L	L	Q
O	W	E	S	P	E	N	N	E	S	T
L	R	L	Y	U	K	V	Ä	Q	M	D
I	F	K	N	O	D	N	F	W	P	M

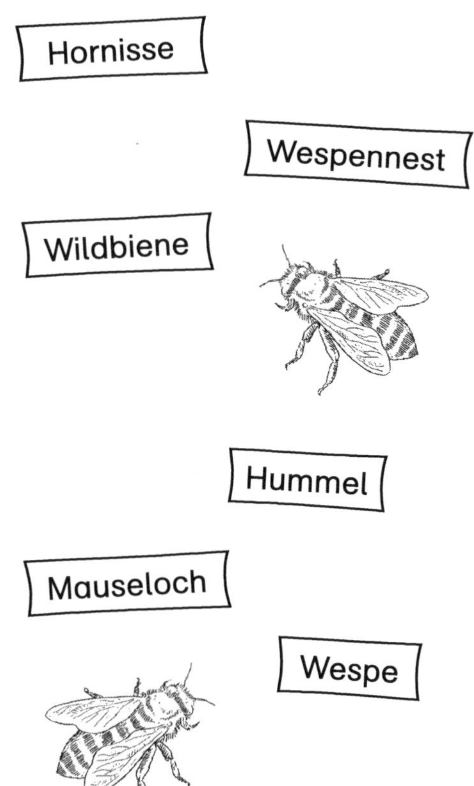

Name:	Klasse:	Datum:

Verwandte der Honigbiene

1. Lies den Text.

Zu den Verwandten der Honigbiene zählen Hornissen, Wildbienen, Wespen und Hummeln. Hummeln leben wie die Honigbiene in Völkern mit einer Königin. Allerdings stirbt das Volk im Herbst und nur die Jungköniginnen überwintert. Hummeln sind pummelig und pelzig. Sie legen ihre Nester gerne in alten Mauselöchern an. Die meisten Wildbienenarten leben dagegen alleine. Sie legen ihre Eier zum Beispiel in leere Schneckenhäuser. Zu jedem Ei geben sie etwas Blütenstaub und Nektar – so brauchen sie sich um die Larven nicht weiter zu kümmern. Wespen sind schlanker als Bienen und schwarz-gelb gemustert. Die Wespennester bauen sie nicht aus Wachs, sondern aus Pflanzenfasern, die sie mit ihrer Spucke mischen. Ihre Larven ziehen sie mit dem Fleisch anderer Insekten groß. Hornissen sind die größten Verwandten der Honigbiene. Völlig zu Unrecht haben sie einen schlechten Ruf. Sie sind längst nicht so aggressiv wie Wespen und ihr Gift ist sogar schwächer als das von Bienen und Wespen.

2. Im Buchstabengitter stecken sechs Nomen aus dem Text. Kreise sie ein.

E	R	T	K	A	Z	O	Ä	S	Ü	T	L	T
I	W	I	L	D	B	I	E	N	E	O	S	I
F	E	F	U	T	X	Z	Ö	G	W	T	W	F
T	S	T	H	O	R	N	I	S	S	E	F	T
O	P	C	U	M	G	K	D	R	R	H	Z	C
H	E	H	M	A	U	S	E	L	O	C	H	H
U	X	U	M	A	R	H	I	O	L	L	Q	U
I	O	W	E	S	P	E	N	N	E	S	T	W
R	L	R	L	Y	U	K	V	Ä	Q	M	D	R
F	I	F	K	N	O	D	N	F	W	P	M	F

3. Welche Verwandten der Honigbiene leben nicht in Völkern?

____

____

Name:	Klasse:	Datum:

Interessantes zur Biene

Welche Frage gehört zu welcher Antwort?
Schneide die Kärtchen aus und klebe sie passend zueinander auf ein Blatt.

✂

1 Welche Blütenfarben mögen Bienen besonders gern?	A Für ein 500-Gramm-Glas Honig müssen Bienen etwa 40000 Mal fliegen.
2 Wie oft fliegen Bienen für ein 500-Gramm-Glas Honig?	B Die Bienenlarven schlüpfen bei 30 Grad aus den Eiern und wachsen.
3 Woher hat der Imker seinen Namen?	C Im Sommer können bis zu 50000 Bienen in einem Bienenstock leben.
4 Wie viele Bienen leben in einem Bienenstock?	D Bienen mögen besonders gern blaue, weiße und gelbe Blüten.
5 Welche Temperatur brauchen Bienenlarven, um sich zu entwickeln?	E Bienen können die Farbe Rot nicht sehen.
6 Welche Farbe können Bienen nicht sehen?	F Aus den alten Wörtern für Biene (Imme) und Korb (Kar) wurde der „Imm-Kar“: Er hält Bienen in einem Korb.

Name:	Klasse:	Datum:

Interessantes zur Biene

Welche Frage gehört zu welcher Antwort?
Schneide die Kärtchen aus und klebe sie passend zueinander auf ein Blatt.

✂

1 Welche Blütenfarben mögen Bienen besonders gern?	2 Wie oft fliegen Bienen für ein 500-Gramm-Glas Honig?	K Bienen saugen Nektar aus der Blüte und sammeln Pollen.	L „Imme" (Biene) und „Kar" (Korb) wurde zu „Imm-Kar": Er hält Bienen in einem Korb.
3 Woher hat der Imker seinen Namen?	4 Wie viele Bienen leben in einem Bienenstock?	I Die Bienenlarven schlüpfen bei 30 Grad aus den Eiern und wachsen.	J Winterbienen schlüpfen im Herbst und überwintern im Stock.
5 Welche Temperatur brauchen Bienenlarven zur Entwicklung?	6 Welche Farbe können Bienen nicht erkennen?	G Für ein 500-Gramm-Glas Honig fliegen Bienen etwa 40 000 Mal.	H Bienen mögen besonders gern blaue, weiße und gelbe Blüten.
7 Was sammeln die Bienen an den Blüten?	8 Woraus bestehen die Wabenplatten der Bienen?	E Im Sommer leben bis zu 50 000 Bienen im Bienenstock.	F Eine Biene, die im Sommer geboren wird, wird bis zu sechs Wochen alt.
9 Wie alt kann eine Honigbiene werden?	10 Was ist eine Winterbiene?	C Die Wabenplatten bestehen aus verklebten Wachsplättchen.	D Die Bienenkönigin legt als einzige Biene im Bienenstock Eier.
11 Warum stellen Bienen Honig her?	12 Welche Aufgabe hat die Bienenkönigin?	A Bienen fressen Honig. Er ist ihr Nahrungsvorrat für den Winter.	B Bienen können die Farbe Rot nicht sehen.

Name:	Klasse:	Datum:

Viele Honigsorten

1. Lies, was die Kinder erzählen.

Ich esse sehr gerne Kleehonig. Der schmeckt ganz mild und ist hellgelb. Manchmal fast schon weiß.

Meine Lieblingssorte ist Heidehonig. Er ist hellbraun bis rötlichbraun. Ich mag seinen kräftigen und würzigen Geschmack.

Für mich muss Honig wie Sommerblütenhonig schmecken. Er ist kräftig gelb und ganz cremig.

Tannenhonig mag ich besonders gern. Er ist flüssig und dunkelbraun, manchmal fast schon schwarz. Er schmeckt sehr intensiv und ein bisschen harzig.

2. Male jedes Honigglas in der richtigen Honigfarbe aus. Lass deinen Partner raten, welche Sorte in welchem Glas ist. Beschrifte anschließend.

Name:	Klasse:	Datum:

Viele Honigsorten

1. Lies die Sätze genau durch.

A Im mittelgroßen Honigglas ist hellgelber Honig.
B Emma isst viel Honig. Deshalb kauft ihre Mutter immer gleich ein großes Glas.
C Der Tannenhonig ist dunkelbraun.
D Oskars Lieblingshonig ist im kleinsten Glas.
E Marie isst mehr Honig als Oskar, aber weniger als Emma.
F Der Honig im großen Glas ist kräftig gelb.
G Marie isst am liebsten Kleehonig.
H In einem Glas ist Sommerblütenhonig.

2. Welches Kind isst welche Honigsorte? Trage in die Felder den Namen, die Honigsorte und die Honigfarbe ein. Male die Honiggläser richtig aus.

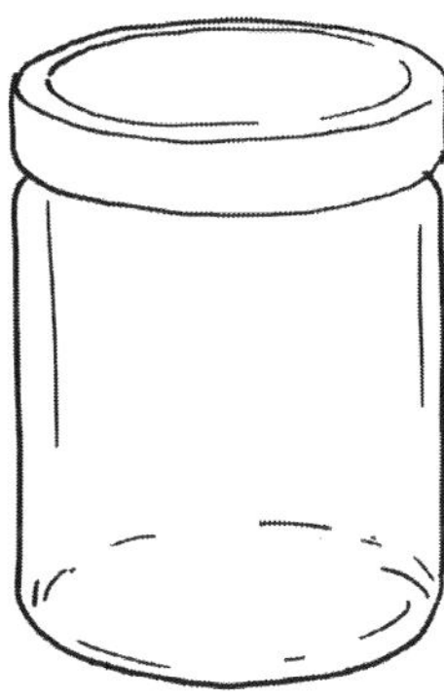

Name des Kindes	______	______	______
Honigsorte	______	______	______
Honigfarbe	______	______	______

Name:	Klasse:	Datum:

Bienengedicht

1. Lies das Gedicht.

Hans Dralle hat ein Schwein gar nett,
nur ist's nicht fett.

Es schnuppert keck in allen Ecken
und schabt sich an den Bienenstöcken.

Die Bienen kommen schnell herfür
und sausen auf das Borstentier.

U, ik! U, ik! – So hat's geschrien. –
Hans Dralle denkt: Wat hat dat Swien?!

Wie staunt Hans Dralle, als er's da
schön abgerundet stehen sah!

Wilhelm Busch, 1832 – 1908

2. Überlege mit einem Partner, was in dem Gedicht passiert. Warum sieht das Schwein am Ende des Gedichts anders aus als am Anfang?

3. Erstelle eine Zeichnung zu dem Gedicht.

Name:	Klasse:	Datum:

Bienengedicht

1. Lies das Gedicht.

Hans Dralle hat ein Schwein gar nett,
nur ist's nicht fett.

Es schnuppert keck in allen Ecken
und schabt sich an den Bienenstöcken.

Die Bienen kommen schnell herfür
und sausen auf das Borstentier.

U, ik! U, ik! – So hat's geschrien. –
Hans Dralle denkt: Wat hat dat Swien?!

Wie staunt Hans Dralle, als er's da
schön abgerundet stehen sah!

Wilhelm Busch, 1832–1908

2. Überlege, was in dem Gedicht passiert. Warum sieht das Schwein am Ende des Gedichts anders aus als am Anfang? Schreibe auf.

____

____

3. Stell dir vor, Hans Dralle will jetzt sein Schwein verkaufen. Jemand anderes sucht gerade ein fettes Schwein. Wie könnte das Gespräch aussehen? Spiele die Szene mit einem Partner. Schreibe euren Dialog auf.

Hans Dralle:	Käufer:
______________	______________
______________	______________
______________	______________
______________	______________
______________	______________

Name: | Klasse: | Datum:

Bienenrätsel

Kennst du dich mit Bienen aus? Lies, was die Bienen sagen.
Trage die passenden Wörter ein.

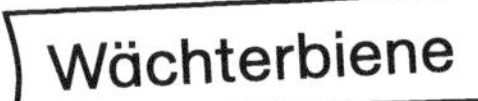

Nektar | Drohne | Königin | Wachs | Hornisse | Körbchen

A Ich bin die wichtigste Biene im Bienenstock.

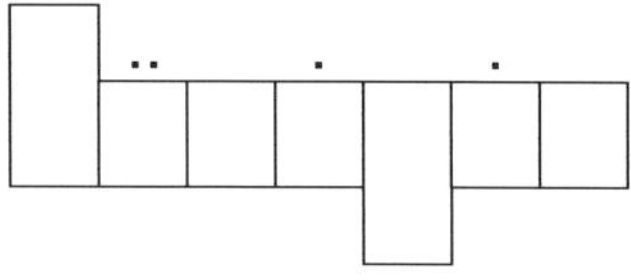

B Das saugen wir aus den Blüten.

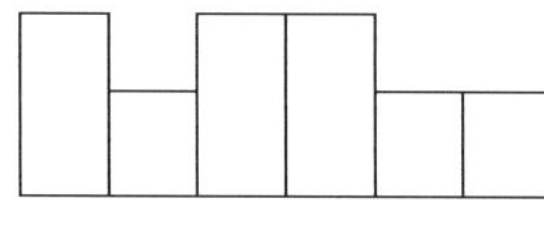

C Ich bewache den Eingang des Bienenstocks.

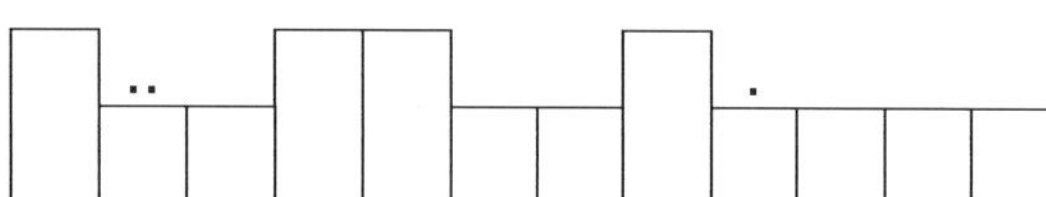

D Ich sammle nie Nektar und bin ein Männchen.

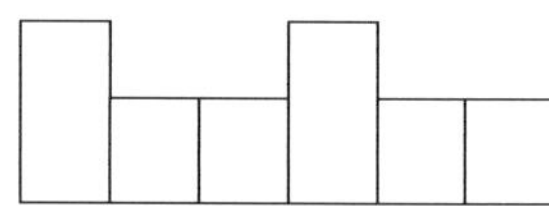

E Damit bauen wir unsere Waben.

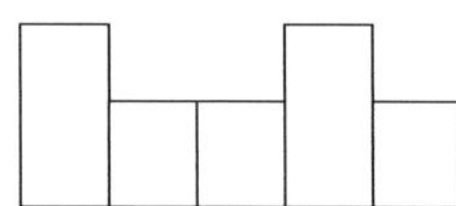

F So heißt unsere größte Verwandte.

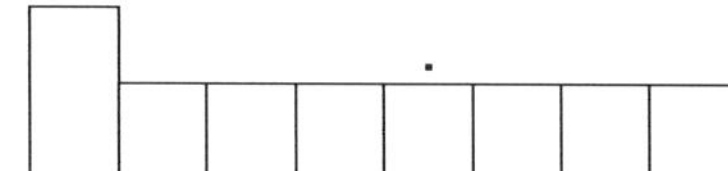

G Darin tragen wir den Pollen nach Hause.

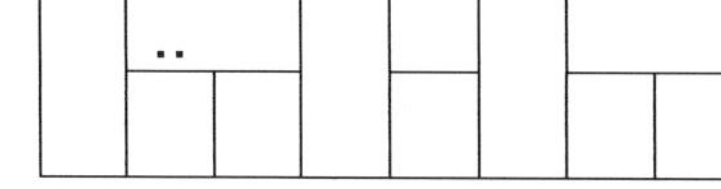

Name: | Klasse: | Datum:

Bienenrätsel

1. Kennst du dich mit Bienen aus? Löse das Kreuzworträtsel.

Senkrecht:

3. Was produzieren Bienen an ihrem Hinterleib?
6. Wer ist die wichtigste Biene im Bienenstock?
7. Woran orientieren sich Bienen bei ihrem Flug?
8. Was saugen Bienen aus den Blüten?

Waagerecht:

1. Wie heißt eine männliche Biene?
2. Wie heißt die größte Verwandte der Honigbiene?
4. Woran erkennt die Wächterbiene einen Feind?
5. Wie heißt das Nest der Honigbiene?
9. Wie nennt man eine Platte mit aneinandergebauten Wachszellen?

2. Trage die Lösungen mit Großbuchstaben ein.

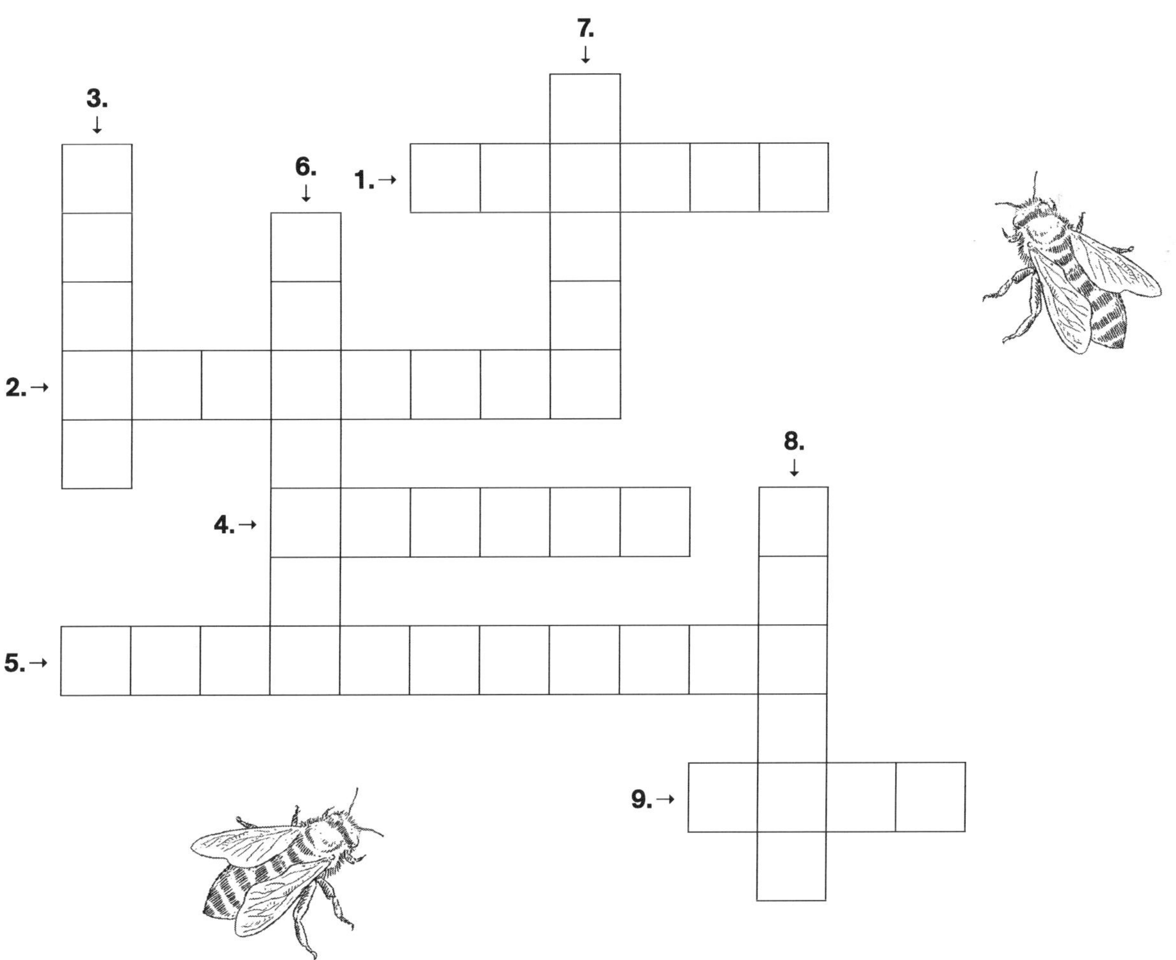

Lösungskarten

✂

KV Seite 4

2. 1A, 1C, 2E, 2C, 3B, 3A
3. **A** Blüte D
   B Sie kann keine Früchte bekommen.

KV Seite 5

2. **A** Ohne Bienen können sich viele Pflanzen nicht vermehren.
   B Ohne Bienen würden fast keine Früchte wachsen.
   Ohne Bienen können wir keinen Honig essen.
3. *individuelle Lösung*

KV Seite 6

2.

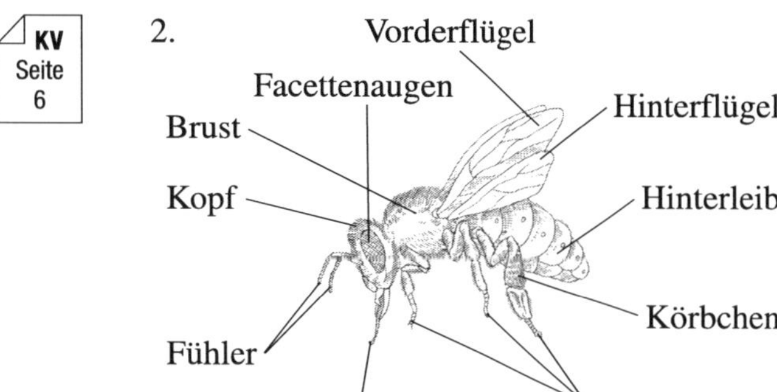

KV Seite 7

2.

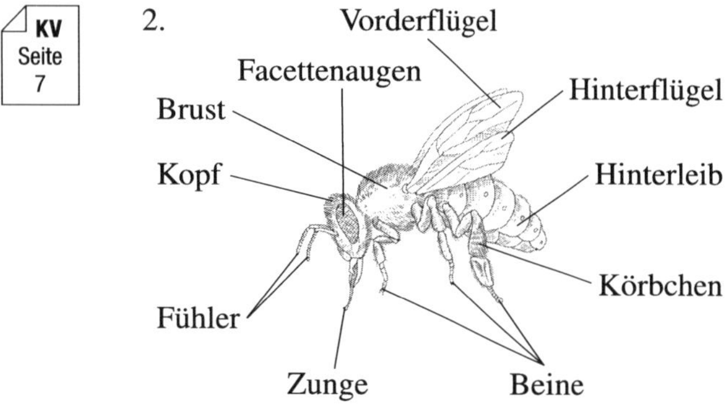

3. sechs Beine, dreiteiliger Körper, Chitin-Hülle, Facettenaugen, Fühler

KV Seite 8

1. (…) In ihnen lagern die Bienen Honig und Blütenstaub. Auch ihr Nachwuchs wächst dort heran. (…)
2.

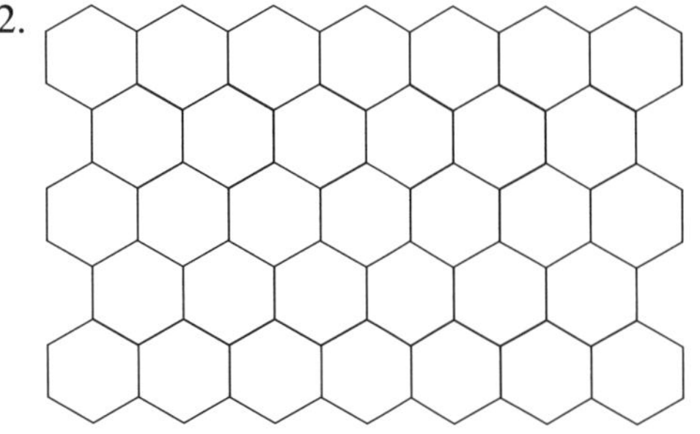

3. ~~Die Bienen sammeln das Wachs in den Blüten.~~

KV Seite 9

2.

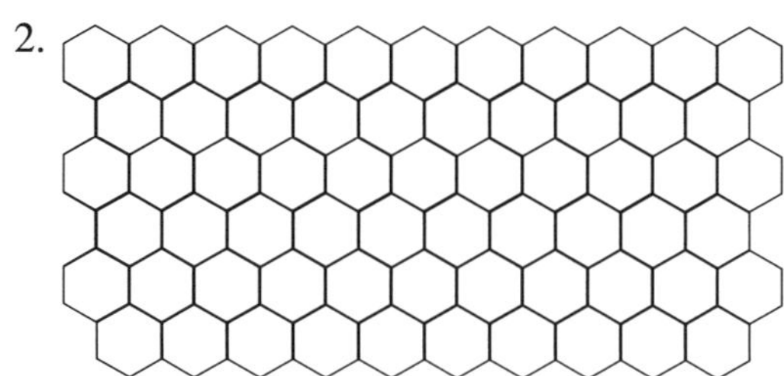

3. **A** Die Bienen bringen in den Wachszellen Honig, Blütenstaub und ihren Nachwuchs unter.
   B Die Bienen stellen das Wachs selbst her. Es kommt aus Drüsen an ihrem Hinterleib.
   C Alle Wachszellen zusammen bilden die Bienenwabe.

KV Seite 10

2.

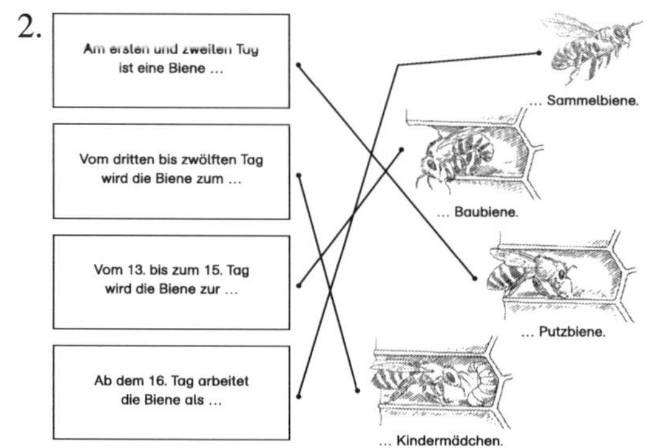

KV Seite 11

2. **Am ersten und zweiten Tag** arbeitet die Biene als Putzbiene, die das Nest und die Waben säubert.
   Vom dritten bis zwölften Tag ist eine Biene Kindermädchen und kümmert sich um den Bienennachwuchs.
   Vom 13. bis zum 15. Tag arbeitet die Biene als Baubiene, die neue Waben anlegt.
   Ab dem 16. Tag darf eine Biene zum ersten Mal nach draußen, um Nektar zu sammeln.

KV Seite 12

2. stimmt: **C, E, F** / stimmt nicht: **A, B, D**
3. Die Sammelbiene vermischt den Nektar mit [~~Blütenstaub~~ | Spucke]. Damit daraus Honig wird, muss das Nektargemisch noch [Wasser | ~~Wachs~~] verlieren. Wenn der Honig fertig ist, verschließt eine andere Biene die Honigzelle mit einem [Wachsdeckel | ~~Topfdeckel~~].

KV Seite 13

2. stimmt: **D, F, H, K**
   stimmt nicht: **A, B, C, E, G, I, J**

KV Seite 14

2. *Lösungswort:* POLLEN

KV Seite 15

3. *Lösungswort:* POLLEN

KV Seite 16

2. *individuelle Lösung:* Sonne, Hügel, See

KV Seite 17

2. Hügel, Wald, See, Sonnenstand, Himmelsrichtung

KV Seite 18

Rundtanz

Schwänzeltanz

B Welche Pflanzen ich gefunden habe, merken die anderen Bienen bei beiden Tänzen: Sie riechen mit ihren Fühlern den Blütenstaub, den ich mitgebracht habe.

A Ist die Nahrung weit weg, mache ich einen Schwänzeltanz.

D Ist die Nahrung in der Nähe, mache ich einen Rundtanz.

C Ich laufe einen halben Kreis, drehe um und wackle sehr schnell hin und her. Dann mache ich kehrt und laufe wieder in die andere Richtung.

E Ich laufe einen halben Kreis, drehe um und laufe in die andere Richtung. Das sieht aus wie die Form einer Acht.

KV Seite 19

2. Bei einem Rundtanz läuft die Biene sehr schnell eine Acht.

   Bei einem Schwänzeltanz läuft die Biene einen halben Kreis, dreht um und wackelt sehr schnell hin und her. Erst dann macht sie kehrt und läuft in die andere Richtung.

3. Bei einem Rundtanz befindet sich die Nahrung **in der Nähe**.

   Macht sie einen Schwänzeltanz, ist die Nahrung **weit weg**.

   Schwänzelt sie nach rechts, liegt die Nahrung **rechts von der Sonne**.

   Tanzt sie nach links, liegt die Nahrung **links von der Sonne**.

KV Seite 20

2. **A** Die Königin ist doppelt so groß wie die Arbeiterinnen.
   B Aus unbefruchteten Eiern werden Männchen.
   C Die Königin legt jeden Tag 2000 Eier.
   D Drohnen heißen so, weil sie beim Fliegen laut „dröhnen".
3. Die Bienenkönigin sammelt nie **Nektar**. Sie legt nur **Eier**. Das ist so anstrengend, dass sie von den Arbeiterinnen **gefüttert** und **geputzt** werden muss.

KV Seite 21

2. **A** Die Königin ist doppelt so groß wie die Arbeiterinnen.
   B Aus unbefruchteten Eiern werden Männchen.
   C Die Königin legt jeden Tag 2000 Eier.
   D Drohnen heißen so, weil sie beim Fliegen laut „dröhnen".
3. Eine Bienenkönigin sammelt nie selbst Nektar. Sie wird von den Arbeiterinnen gefüttert.

KV Seite 22

2.

Die Kindermädchen bringen Futter. Die Larve wächst und ist bald so groß wie die Wachszelle.

Die junge Biene nagt ein Loch in den Deckel ihrer Zelle und kriecht ins Freie.

Die dicke Larve spinnt einen Faden um sich herum, um sich in eine Biene zu verwandeln.

Die Bienenkönigin legt ein Ei in eine leere Wachszelle.

Aus dem Ei schlüpft eine winzige Larve. In der Wachszelle hat sie noch viel Platz.

KV Seite 23

2.

Die Bienenkönigin legt ein Ei in eine leere Wachszelle.

Aus dem Ei schlüpft ein weißes Würmchen: die Bienenlarve. In der Zelle hat sie noch viel Platz.

Die Kindermädchen bringen Futter. Die Larve wächst und ist bald so groß wie die Wachszelle.

Die dicke Larve spinnt einen Faden um sich herum, um sich in eine Biene zu verwandeln.

Die junge Biene nagt ein Loch in den Deckel ihrer Zelle und kriecht heraus.

Lösungskarten

KV Seite 24

2. Die Arbeiterinnen bauen größere Zellen für unbefruchtete Eier, … damit sich darin Drohnen entwickeln können.

Bevor die neue Königin schlüpft, … schwärmt die alte Königin mit einem Teil des Volkes aus.

Die neue Königin tötet die anderen Königinnenlarven, … weil es immer nur eine Königin im Bienenstock geben kann.

Damit die neue Königin später befruchtete Eier legen kann, … fliegt sie aus und paart sich mit vielen Drohnen.

KV Seite 25

Im | Frühsommer | ~~Herbst~~ |, wenn es im Bienenstock zu eng wird, bauen die Arbeiterinnen größere Zellen, in denen Drohnen aus | ~~befruchteten~~ | unbefruchteten | Eiern heranwachsen. Wenn die Larven (…) Futter bekommen, entwickeln sie sich zu neuen | ~~Arbeiterinnen~~ | Königinnen |. Bevor eine neue Königin schlüpft, | verlässt | ~~besetzt~~ | die alte Königin mit einem Teil des Volkes den Bienenstock. Sobald die erste neue Königin geschlüpft ist, | ~~begrüßt~~ | tötet | sie die anderen Jungköniginnen in ihren Zellen. Dann startet sie zum | Hochzeitsflug | ~~Paarungstanz~~ | und paart sich mit vielen Drohnen. Deren Samen trägt sie in der | ~~Honigblase~~ | Samenblase | mit sich. Wenn die Königin später | ~~Larven~~ | Eier | legt, kann sie diese mit dem Samen selbst befruchten. Die Drohnen werden nun nicht mehr gebraucht. Wenn die Arbeiterinnen sie töten, nennt man das | Drohnenschlacht | ~~Tortenschlacht~~ |.

KV Seite 26

1. **B**
2. *individuelle Lösung:* Bienen sammeln kein Moos. Sie polstern ihren Bienenstock damit nicht aus und sie verstopfen auch nicht den Eingang.

KV Seite 27

1. **B**
2. Bienen sammeln kein Moos. Sie polstern ihren Bienenstock damit nicht aus und sie verstopfen auch nicht den Eingang.

KV Seite 28

2. 1B, 2A, 3C
3. Totenkopfschwärmer

KV Seite 29

2. **A** Die Wächterbienen betasten jeden, der hereinwill, mit ihren Fühlern. So erkennen sie am Geruch, ob derjenige wirklich zum Bienenvolk gehört.

   B Fremde Bienen und andere Tiere wie Wespen, Käfer oder Kellerasseln werden nicht in den Stock gelassen.

   C Der Totenkopfschwärmer darf hinein. Er riecht wie eine Arbeitsbiene und kommt so an den Wächterbienen vorbei.

   D Sie schenken den Wächterbienen einen großen Tropfen Nektar und dürfen dann vorbei.

KV Seite 30

2.

Ich bin groß und sehr stark. Honig rieche ich kilometerweit. Mit meinen Krallen kriege ich jeden Bienenstock auf. Dann lasse ich mir den Honig und die Larven schmecken.

Ich habe schwarz-weiße Streifen am Kopf. Am liebsten fresse ich Bienenlarven. Ich hole sie mit meinen Krallen aus dem Stock. Bienengift schadet mir nicht.

Bienen fange ich im Flug. Damit mir ihr Gift nicht schadet, schlage ich sie auf einen Ast, bis sie tot sind. Ihre Giftblase leert sich dabei und ich kann sie fressen.

Ich bin mit der Honigbiene verwandt. Trotzdem lähme ich sie mit meinem Stachel. Dann schleppe ich sie als Futter zu meinen Larven.

KV Seite 31

2. Braunbär: Säugetier; scharfe Krallen; Bienenlarven, Honig; kann den Honig schon von Weitem riechen

Bienenwolf: Insekt; Giftstachel; Bienen; lähmt eine Biene mit Gift, fängt sie als Futter für seine Larven

Bienenfresser: Vogel; Schnabel; Bienen; fängt eine Biene im Flug, schlägt die Biene auf einen Ast, damit sich ihre Giftblase leert

KV Seite 32

Ein Imker arbeitet mit Bienen. Er stellt für seine Bienenvölker **Bienenkästen** als Wohnung auf. Diese sollen da stehen, wo viele **Futterpflanzen** für die Bienen wachsen. Wenn die Bienen die Wachszellen in ihrer Wabe gefüllt haben, kann der Imker den **Honig** ernten. Er nimmt die **Wabe** aus dem Bienenstock und entfernt die Deckel der Wachszellen. Dann wird der Honig in einer großen Trommel aus der Wabe herausgeschleudert und in **Gläser** gefüllt. (...) An den Händen trägt er **Handschuhe**. Seinen Kopf bedeckt er mit einem **Imkerhut** mit Gesichtsschleier. Meistens bläst der Imker auch noch Rauch aus einer **Imkerpfeife** über die Bienen, damit sie weniger stechen.

KV Seite 33

1. Ein Imker arbeitet mit [Bienen | ~~Hummeln~~]. Er stellt für seine Bienenvölker [Bienenkästen | ~~Schuhkartons~~] als Wohnung auf. Darin stehen Holzrahmen, in die die Bienen ihre [~~Glaszellen~~ | Wachszellen] hineinbauen. Die Bienenkästen (...), wo die Bienen gute [~~Honigquellen~~ | Futterpflanzen] finden. Wenn die Bienen die Wachszellen in ihrer Wabe gefüllt haben, erntet der Imker den [Honig | ~~Pollen~~]. Dazu nimmt er zunächst den Holzrahmen mit der Wabe aus dem Bienenkasten und entfernt die [~~Glasdeckel~~ | Wachsdeckel] der Zellen mit einer speziellen Gabel. Die [Wabe | ~~Gabel~~] kommt anschließend in eine große Trommel. Dort wird der Honig (...) in [~~Honigdosen~~ | Honiggläser] gefüllt. Damit die Bienen im Winter etwas zu fressen haben, versorgt sie der Imker mit [Zuckerwasser | ~~Salzwasser~~]. Für die Arbeit mit den Bienen zieht er [Schutzkleidung | ~~Regenkleidung~~] an. Dazu gehören (...) und ein Imkerhut mit [Gesichtsschleier | ~~Federschmuck~~]. Diese Kleidung schützt ihn vor [Bienenstichen | ~~Mückenstichen~~]. Meistens bläst der Imker auch noch Rauch aus einer [Imkerpfeife | ~~Trillerpfeife~~] über die Bienen, damit sie weniger stechen.
2. **A** Der Imker versorgt die Bienen mit Zuckerwasser.

   B Gegen Bienenstiche schützt sich der Imker mit einem Overall, Handschuhen, einem Imkerhut mit Gesichtsschleier und einer Imkerpfeife.

Lösungskarten

KV Seite 34

2.

R	T	K	A	Z	O	Ä	S	Ü	T	L
W	I	L	D	B	I	E	N	E	O	S
E	F	U	T	X	Z	Ö	G	W	T	W
S	T	H	O	R	N	I	S	S	E	F
P	C	U	M	G	K	D	R	R	H	Z
E	H	M	A	U	S	E	L	O	C	H
X	U	M	A	R	H	I	O	L	L	Q
O	W	E	S	P	E	N	N	E	S	T
L	R	L	Y	U	K	V	Ä	Q	M	D
I	F	K	N	O	D	N	F	W	P	M

KV Seite 35

2.

E	R	T	K	A	Z	O	Ä	S	Ü	T	L	T
I	W	I	L	D	B	I	E	N	E	O	S	I
F	E	F	U	T	X	Z	Ö	G	W	T	W	F
T	S	T	H	O	R	N	I	S	S	E	F	T
O	P	C	U	M	G	K	D	R	R	H	Z	C
H	E	H	M	A	U	S	E	L	O	C	H	H
U	X	U	M	A	R	H	I	O	L	L	Q	U
I	O	W	E	S	P	E	N	N	E	S	T	W
R	L	R	L	Y	U	K	V	Ä	Q	M	D	R
F	I	F	K	N	O	D	N	F	W	P	M	F

3. Die meisten Wildbienen leben nicht in Völkern zusammen.

KV Seite 36

Frage 1 – Antwort D Frage 2 – Antwort A
Frage 3 – Antwort F Frage 4 – Antwort C
Frage 5 – Antwort B Frage 6 – Antwort E

KV Seite 37

Frage 1 – Antwort H Frage 2 – Antwort G
Frage 3 – Antwort L Frage 4 – Antwort E
Frage 5 – Antwort I Frage 6 – Antwort B
Frage 7 – Antwort K Frage 8 – Antwort C
Frage 9 – Antwort F Frage 10 – Antwort J
Frage 11 – Antwort A Frage 12 – Antwort D

KV Seite 38

2. Kleehonig: hellgelb, fast weiß
Heidehonig: hellbraun bis rötlichbraun
Tannenhonig: dunkelbraun, fast schwarz
Sommerblütenhonig: kräftig gelb

KV Seite 39

Oskar, Tannenhonig, dunkelbraun

Marie, Kleehonig, hellgelb

Emma, Sommerblütenhonig, kräftig gelb

KV Seite 40

2. Die Bienen haben das Schwein gestochen. Die Stiche sind angeschwollen und deshalb sieht das Schwein jetzt dicker aus.

3. *individuelle Lösung*

KV Seite 41

2. Die Bienen haben das Schwein gestochen. Die Stiche sind angeschwollen und deshalb sieht das Schwein jetzt dicker aus.

3. *individuelle Lösung*

KV Seite 42

A Königin
B Nektar
C Wächterbiene
D Drohne
E Wachs
F Hornisse
G Körbchen

KV Seite 43

2.

								7.↓					
	3.↓							S					
	W			6.↓	1.→	D	R	O	H	N	E		
	A			K				N					
	C			Ö				N			8.↓		
2.→	H	O	R	N	I	S	S	E					
	S			I									
			4.→	G	E	R	U	C	H		N		
				I							E		
5.→	B	I	E	N	E	N	S	T	O	C	K		
											T		
									9.→	W	A	B	E
											R		